我的人生我來柔

郁方的幸福進行曲

小學畢業照，是手邊僅存的一張童年照片。

外婆（左）與母親。

二十歲，未進入演藝圈前，出國拍MV。

手足五人，大姊（後右一），（前排由右到左）大妹、弟弟、小妹。

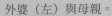

參加李國修老師屏風表演班的舞臺劇《好色奇男子》，李老師是我演藝圈的師父。

剛出道時，至日本拍攝臺視《四月望雨》劇照。

乾德門前輩教會我很多演戲及待人處事的道理。

和張菲「菲哥」合作的《綜藝大哥大》，幫助我再創演藝高峰。

出演的第一部電影《花橋榮記》，林健寰（右）。

進入演藝圈，喜歡演戲又有機會和許多大明星合作，我真是太幸福了！

和前輩翁家明合作大愛電視臺《明天更美麗》，從十八歲扮演到六十歲，喜歡自己的老裝。

和劉德華、萬梓良合作的電影《1999 賭俠大戰拉斯維加斯》，真是演藝事業上的一個驚喜！

婚前的演藝圈好友。

和前輩蔡振南合作臺視《家有四千金》。

謝金燕首次登上小巨蛋，我和何如芸特地去為她打氣。

公公婆婆因為只有三個兒子，所以對孫女非常疼愛。

和婆婆一起上TVBS 方念華主持的節目，分享婆媳相處之道以及做公益的心得。

先生是我情感依靠與交流的對象，我們視彼此為最要好的朋友。

全家福照片，先生陳昱羲，大兒子宇澤，小兒子宇閎，女兒羽羚。

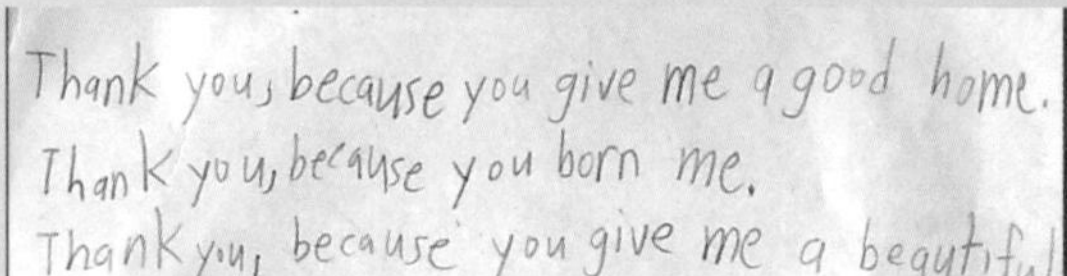
Thank you, because you give me a good home.
Thank you, because you born me.
Thank you, because you give me a beautiful school.
Love maxı
Love You!

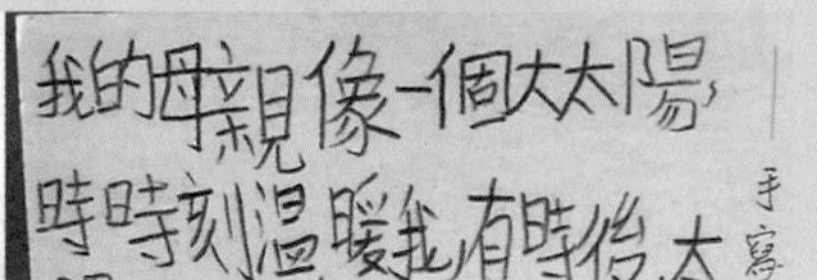
我的母親像一個大太陽，
時時刻溫暖我，有時後，太
陽太大了，所以會不小心把
我曬傷。
手寫有溫度 寄信有真情
創作者:郭瑀彤
中華郵政

大兒子（右）和小兒子（左）寫的卡片。

與先生出席乳癌防治基金會舉辦的「粉紅絲帶」活動。

為賽珍珠基金會拍攝公益廣告，女兒是借來的受助小朋友。

受邀為臺北市政府社會局舉辦的國際婦女節「做女人 先做自己」系列活動擔任代言人。

和女兒一起為忠義基金會的蒲公英助養計畫拍公益廣告。

常常帶孩子參加公益活動同時接觸人群。

與賈永婕共同舉辦義賣二手衣獎學金救助計畫，已邁入第五年。

為「親愛愛樂」弦樂團和臺東「孩子的書屋」舉辦「黑孩子音樂會」募款，親愛愛樂王子建和陳珮文老師（右一、二），孩子的書屋「陳爸」陳俊朗（左一）。他們合作出版的《黑孩子》童話繪本，大人小孩看了都深深感動。

和親愛愛樂的緣分很深，後來成了他們的基金會董事，寒假的時候也讓小兒子和他們一起行腳南臺灣，兩個星期的時間從南投走到屏東墾丁。

5. 食在好健康

花蓮靜思精舍一日遊，參觀了常住師父親自耕種加製造研發的產品：有遠送西非獅子山共和國的五穀粉、大人小孩都愛吃的米果、出國最佳良伴香積飯……

小孩有過敏體質，我使用黑糙米純粉、紅豆純粉和素香鬆，與女兒一起捏了紅豆和素香鬆口味的麻糬，可口又Q 軟，淨斯的無毒有機產品真的令身為媽媽的我很放心！

群山環繞的宜蘭清水地熱，
可以煮玉米、雞蛋。

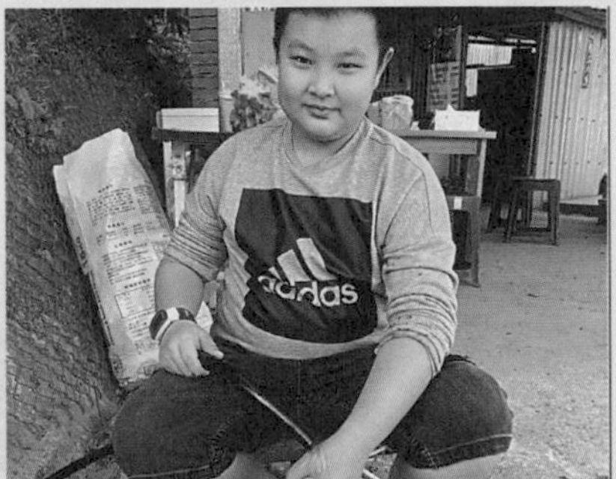

食物從何而來，帶小孩走一趟菜園、果園就知道了。

過年前，隨書法班老師到長庚醫院參加春節揮毫活動。

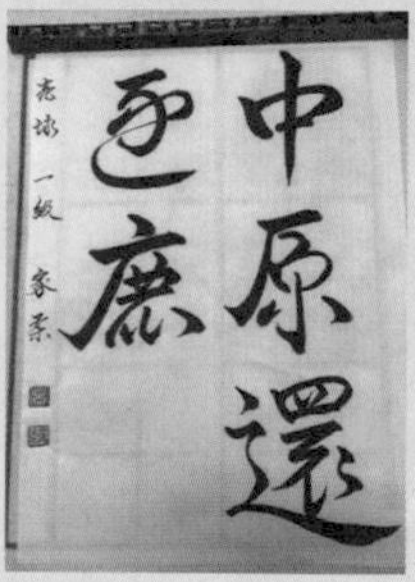

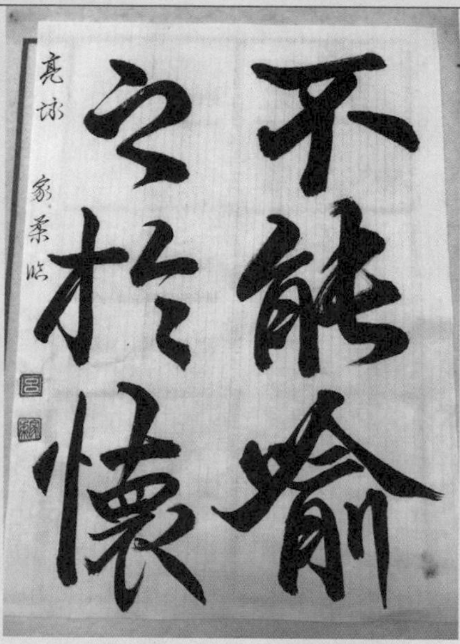

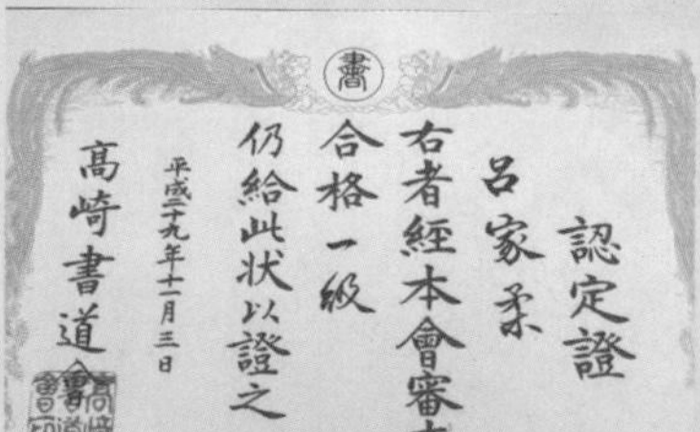

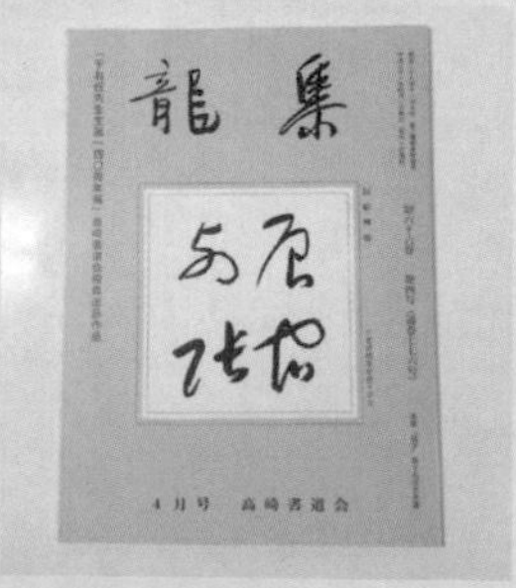

高崎書道會是我參加書法檢定的總部，禮失求諸野，每個月把作業送到日本檢定。檢定標準是從七級升到一級，再升初段，段數為一到八段，再升準師範，然後是師範，有了畢業證書就成為書道老師。

在經濟拮据的童年，爸媽曾讓我學了一期的鋼琴課。
如今有能力了，孩子們想學的才藝，總讓他們盡情去摸索。

大家常問我為什麼學書法？我一直覺得漢字充滿魔力，
透過紙墨，不僅像幅畫，更可以呈現情感。所以，我也鼓勵孩子們學書法。

淨斯茶書院的茶道課程，學費只要市價的四分之一，我毫不猶豫就報了名。

習茶一年，淨斯茶書院舉辦一場茶會，婆婆和先生都來當我的茶客。

慈濟三義茶園，一群牛背鷺正在茶樹叢間覓食；有機無化學無農藥的淨斯玫瑰紅茶和金桂烏龍，淡雅清香解鬱。

位在臺北市延平北路的淨斯茶書院，原是日治時期的太和堂藥房，屋主提供慈濟場地，作為書香、茶香，推廣社會教育的園地。

不想有遺憾的人生，四十八歲的我在「人生補課清單」裏面列入了運動、書法、茶道等課程，希望自己不斷精進成長。

目錄

請珍惜生命。人生而為人，老天都有功課交給你，也許是修己，也許是幫助更多人，不管是哪個，一輩子只要專心做好一件事，就功德圓滿了。

——《陳家家訓第九條》

【第二部】

沒有人有義務愛你，若有人愛你，你要珍惜感恩，沒有也很正常，但是你可以先學習付出、學習愛。——《陳家家訓第十二條》

【第三部】

我會照顧你至成人，給你教育，但我不會把財產留給你，更不會供養你下半輩子。將來你必須帶著我曾經給你的養分，自己開疆闢土，開創自己的人生。——《陳家家訓第十條》

【第四部】

弱勢的孩子，需要愛與機會；家境優渥的孩子，需要嚴格的要求，時時布施，笑容和關心也是一種布施。——《陳家家訓第十九條》

【第五部】

沒有人是不可替代的，沒有東西是必須擁有的，人生在世，先做該做的事，才能做想做的事。物質不能滿足心靈，多讀書、多旅行、多交友，才是心靈富足之道。——《陳家家訓第十一條》

【推薦文/何如芸】

我和郁小方的因緣際會

我二十歲認識她，那年她十八歲，我們在遙遠的瑞士一起拍片。第一眼看見她，一張雪白晶瑩的小臉，一臉的笑，那是她踏進廣告圈第一個工作。

後來我們相繼進電視圈，她拍戲、拍電影、主持節目，愈玩愈大，成績愈來愈好。我們的人生，重疊點很多，除了結婚時間相近，第一個孩子還是同年出生。

郁方是我在演藝圈極少數的朋友之一，除了結婚後少與藝人接觸，更因為她是一個非常特別的人。她具有俠女性格，看不得弱勢，心腸柔軟、仗義執言，天蠍座的她天性聰慧，很多我不明所以的事，她常常三言兩語就點出重點，給我一記當頭棒喝！

這樣一位閨蜜，怎能不好好愛她？黏她緊緊？

多年來，她的生活觸角愈伸愈廣：學書法、茶道、做公益……每一件事情，她不只是做個皮毛打發時間，而是盡心盡力以赴，書法可以拿段數、受她幫助的人不計其數。比任何人都積極生活的她，竟還趕著生了三個孩子，只因為她先生想要個女兒！

我一直在等著看她下一步要出哪一招？果然，這可愛的小女人說她要出書了！不等她約我，我就自告奮勇要去新書發表會上獻花！

如此才德智慧的女子，能做你的朋友，夫復何求？期待你的書，也等著想看，下一招又是什麼？

【推薦文／賈永婕】
不怕你來問！

郁小方是我的好姊妹，嚴格說起來，是我在演藝圈深交的第一個好姊妹。

在認識她的近二十年歲月，我給她取了一個綽號，叫做——不怕你來問！

你可以問她大大小小的事情，我問過她關於愛情、婚姻、小孩的教育、婆媳關係……無論什麼疑難雜症，找她就對了！

「不怕你來問」現在出書了，希望大家都可以跟我一樣，分享這位好姊妹的精彩人生。

【推薦文／吳恩文】智慧匯流成就幸福人生

在現實功利的演藝圈，她一直保有純真、溫暖且樂於助人的性情；在工作與家庭，朋友與家人，演藝事業和社會公益之間，她一貫熱忱細心，並且勇於付出，在她身上，我看到涓滴智慧匯流而成的幸福人生。

她的故事，不是一般人想的那麼簡單、輕易，但她沒有退卻；如今的雲淡風輕和歡喜自在，來自於她的堅持和全力以赴。

【推薦文／焦志方】真善美女丑一點不俗

認識郁方不是一天兩天，卻一直沒有合作的機會，直到《全能美食秀》終於藉由美食吸引到她。看她在節目裏明明就是一個長得靚、穿得美的黃花大美人，可總是能夠放下身段，極盡搞笑逗樂之能事，把每個食物都吃得有滋有味，一點也不在乎會破壞她的形象。重點是觀眾完全不會覺得有何不妥，反而因此更加喜歡她的真，間接也讓節目收視率一路飆升！

後來公司另外一個節目《綜藝大哥大》也找上了她，邀請她擔任單元裏的固定班底，完全就是相中她「美人也能當女丑」的本事。明明沒她的事，也能搶住麥克風侃侃而談；明明歌就唱不好，還能一首接一首地每個星期固定演唱，更神奇的是，還使得觀眾每個星期一定準時收看，就為了看她還有什麼驚人的表現……

我們常常依照「真、善、美」的順序來排列這三個字，因為只有最真的人才心存善念，只有心存善念的人才是真正的美。郁方的確符合了這樣的定義，看著她結婚、生子，在人生的每個階段依舊保持著那顆最真誠的心，善待身邊的每一個人，做好每一件事。期待她能繼續以這個柔術去營造家庭和事業，揉出未來的美好！

【自序】想給孩子們的禮物

很小的時候，我就向宇宙下了一份訂單——我三十五歲才要結婚，婚後我要生三個小孩，兩個兒子、一個女兒。

如此神奇，上天一一應允。三十五歲那年，我找到了攜手一生的伴侶，接著像馬拉松賽跑，從三十六歲到四十二歲，熬過高齡生產可能帶來的危險與非預期的症狀，三個健康的孩子接連出生報到，恰恰好就是兩男一女。

減少演藝圈的工作，隨著孩子們逐步成長，這一條養育、陪伴之路盡量讓自己不缺席。然而，一路上縱使歡笑的時間多，但也難免會有磕磕碰碰的難熬時光。

去年母親節前夕，看著三個孩子，心裏想著：「媽媽還能陪你們多久？」

我想成為孩子的榜樣，當他們努力讀書時，媽媽也不中斷地努力學習新事物，我想成為和小孩永遠有談不完話題的母親。

我一直都明白，也不逃避，人的死亡不是論年歲、不是論老邁，生與死相同，都是來得突然，往往令人措手不及，不同的是，過程中開心與悲傷的區別而已。因此把握每一天與孩子相處的時間，至今所做的每一件事情，都是在替將來做準備，期待哪一天，我老了，回過頭來看，不會有遺憾；也企盼離去那一天，孩子想起我時，都是快樂與正面的。

我思索，走過一生，能留下什麼給他們呢？

這麼想的時候，手裏已拉來一張空白紙，隨手拿起筆來，洋洋灑灑寫了又改、改了又寫，修改了無數回才終於滿意。寫下了二十條《陳家家訓》，每一條都是從小到大的親身經歷淬鍊而出的心得，有挫折、有悲傷，有歡笑、有幸運，無論好壞都讓我重新省思自己，讓自己蛻變成今日的郁方。

女人，永遠希望自己的時間停留在青春年華的美好歲月中，但是我卻認為，自己最美麗的時刻，正是要邁入四十八歲的現在。

二十四歲的我帶著一臉迷惘徬徨在十字路口，深呼吸之後，決定進入演藝圈，這是一條不能回頭的路，一如人生也無法比較。我遇上了轉折點，也下了險招，告訴自己：「不成功也無妨，最多和現在一樣，沒什麼損失。」

我用這樣的心情，一路帶著鋼盔向前邁進，也許我錯過了很多，但也豐富了自己的人生。

二十四歲之後的今日，我又再歷經二十四個寒暑。這次的二十四個年頭不一樣了，過程中遇到許許多多的人事物，讓現在的我變得成熟、自信又幸福，也將日子活得有滋有味。母親節前夕，我將這些人生體悟化為文字，透過家訓傳給最愛的三個孩子，願你們別像媽媽一樣，白白走了二十四年的冤枉路。

【第一部】

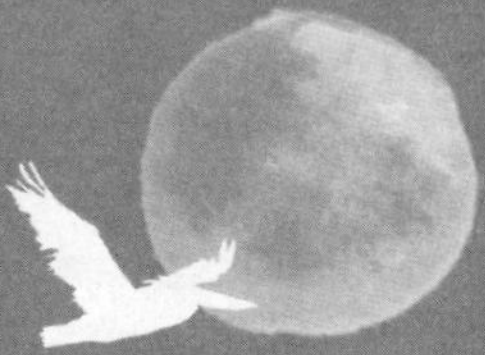

請珍惜生命。人生而為人，老天都有功課交給你，也許是修己，也許是幫助更多人，不管是哪個，一輩子只要專心做好一件事，就功德圓滿了。

《陳家家訓第九條》

人生百般滋味

別人眼中的我，會是什麼樣子？

透過方盒子薄幕，電視上的郁方給人的印象是個愛笑的傻大姊，拍戲、主持看起來總是應接不暇，經濟毫無斷炊之虞；回歸生活，報章雜誌上的白紙黑字夾著精修過的美麗彩照，我化身為嫁入好人家的幸運媳婦，有疼愛我的先生、一對待我如親生女兒的公婆，以及三個可愛的子女，無論為人妻、為人媳、為人母，似乎不愁吃穿，無煩無惱，是個標準的幸福女人。

我的人生軌跡，在鏡頭前、在眾人熟悉的畫面中，彷彿一帆風順，似乎生來就是公主命，沒吃過苦頭。然而現實生活，在不為人知的那段人生，其實並沒有那麼美妙。

中國八大菜系裏有一道川菜，被譽為史上工序最繁複、最高級的菜別，名為「開水白菜」。開水白菜，乍看之下僅是幾株白菜心泡在清湯淡水中，一點也不起眼，然而嘗起來卻有百般滋味。回過頭來看看自己四十多年的人生，正如那清水白菜，百般滋味一應俱全。

十五歲面對獨立挑戰

「我只養你到十五歲，十五歲之後你就得靠自己。」這句對我說過不知多少回的話，字字句句既堅毅又冷漠，那絲聲線的主人，不是別人，正是我的母親。

現在的我已不再責怪母親，因為母親當時的處境難為，嫁得一個對家庭不負責任的丈夫，自己也沒有一技之長，總是這邊打打零工、那邊賺點零用錢。清清苦苦的日子裏，除了要償還丈夫隨時可能新添的債務，還有五張嗷嗷待哺的小口，儘管吃喝盡量省儉，生活用品也是克勤克儉，然而孩子的學雜費、繳費單一來，層層疊疊的壓力，她怎麼承受得了？

十五歲正是母親認為能夠自立的年紀——已經國中畢業，該識的字都識得了，有足夠的本錢到社會上拚搏養活自己。為了讓肩上的擔子減輕一分半兩，她總是時時耳提面命，抓到機會就告誡我們，十五歲之後她就不再提供生活所需。

現在的我不怪她，但年少的我怎麼可能設身處地以母親的角度看世界？當時的我，對她有著滿腔難以發洩的怨懟。

姊姊先被「拋棄」，年紀輕輕的她就踏入婚姻生活，這是生命的哀歌，彷彿女人就得依附一個男人，才能獲得生存的條件。幸虧「天公疼憨人」，姊姊婚後際遇不若電視演的悲苦劇，姊夫對她極好，她過得相當幸福。

排行老二的我，緊接在後，走上失學的命運。我的學習成績還算不錯，如果成長在一個平凡的家庭，或許也能不必擔心學費地考上一所好高中，繼續學業。可惜我沒有那個命，母親無法再提供我任何支援，別說是學費，接下來，我連一口飯都要自己去掙。

我跟姊姊的想法不同，即使只有十五歲，在那樣一個封閉的年代，我都清楚明白，此時的人生目標並非嫁作人婦、養兒育女，我的首要目標是斷離生命的鎖鏈！我敬愛母親，但同時也與她溝通不良，從小到大，我們的關係都相當緊繃，她的十五歲之約，時常將我打入「母親不愛我」的漩渦中。

打從有記憶以來，明明白白地知道十五歲以後就得靠自己，於是落到我手上的每一分錢，都被密密實實地存了下來。十五歲國中畢業時，我帶著私存的兩千多元，逃也似地離開了原生家庭，離開那個歡快時光少、悲苦日子多的家。

不能只有國中學歷

在中和租了一個頂樓加蓋的房間，五層樓高的公寓理所當然沒有電梯，畢竟有電梯的公寓，租金也相對昂貴。頂樓隔成了五間小房間，簡單一張床、一套桌椅以及一只行囊，家徒四壁的小隔間是我獨立的起始，就連衛浴都必須和其他房客共用，這樣一方簡陋的空間就花去了我一千五百元，捏著僅剩的五百元，連擦眼淚的時間也沒有，就趕緊提起青澀的步伐，上街找工作去。

一九九〇年代，臺灣普遍缺乏合格的護理人員，坊間許多診所都願意接受沒有相關學歷的年輕小妹妹，到職擔任櫃檯掛號小姐，偶爾包包藥、查查病歷，我就在一間婦產科找到了一份這樣的工作。雖然有了工作，但也僅止是打工性質，領的薪水並不多。

我在婦產科落腳安頓，領著打工小妹的微薄薪水，可是我沒有一絲的野心，因為毫無一技之長，還能何去何從呢？既沒本錢也沒本事，這份薪水能支應房租，也不會餓死，我甚至還覺得相當心滿意足。

有一天，病人沒那麼多，看完診落得空閒的院長從診間晃到櫃檯來，劈頭就問我：「嬰兒室缺人手，你願不願意學？」還不等我開口說話，他又說：「如果你願意學的話，領的就是正職人員的薪水，而且還能住進診所提供的宿舍。」

薪水增加又不用租房子，天上掉下來的禮物，我哪有不接的道理。我像隻看見紅蘿蔔的貪婪驢子，眼睛睜得大大的，急切地對院長說：「學！我學！」

我開始學習照顧嬰兒，過了一段時間，院長又讓我跟診，直到我有了基本的醫學知識之後，又帶著我進開刀房，學習開刀輔助作業。

我在婦產科安穩地待了一年，省下的房租跟伙食費，累積起來算是一筆不小的存款。正當我數著錢，覺得一切開始有點不一樣時，一天，我與一個國中同學聚會，她直直地望穿我那極欲脫貧的雙眼，話語中有著數不盡的惋惜，說：「你一定要去考高中，你的學歷不能永遠停在這裏，你懂嗎？」

當時距離高中大考僅剩三個月的時間，她勸我離開婦產科，到她就讀的補習班全力衝刺三個月。我知道我不該只有國中學歷，但是離開婦產科我該怎麼生活？我要住在哪裏？「你就來住我家，我爸媽絕對歡迎你！」她說。

她信誓旦旦沒有一絲謊言，她的老兵父親與客家母親雖然生活也不寬裕，卻熱情大方地提供我一個暫時落腳與飽腹之處。

憑著國中打下的基礎，三個月的惡補讓我考上了松山工農。我知道必須半工半讀才能讀完高中，因此在選填科別時下足了苦心，試圖在眾多科類中找一門最輕鬆的科別。

「就選擇園藝科吧！園藝科八成只是種種花、拔拔草，課業壓力一定不會太重。」我開開心心地選填了園藝科。上課之後到其他科繞了一圈，才明白自己真是錯得離譜，誰能料想得到，不過就是「拈花惹草」的園藝科，竟然要讀十三個科目，是所有科別中要念最多書的一門科！

半工半讀為錢苦惱

白天上課，下了課就到文具店打工，一個月薪水少則六千，多則八千有餘，扣除每個學期的學費四千元，平常吃飯還過得去，若是學校要再多繳一些雜費、班費，我就要為籌錢而苦惱了。

我不讓自己低頭回去找母親，而且坦白說，我也不知道她住在哪裏？從小因為父親欠債的關係，我們經常四處搬家，離家三年，加上當時通訊不便利，我和母親幾乎斷了聯繫，根本不知道彼此在哪裏。

直到有一天，我在菜市場巧遇大姊，才知道母親已經搬到蘆洲。大姊跟我說：「你離開家裏之後都沒跟媽媽聯絡，她其實非常想你。」

後來三個弟弟、妹妹也不時向我抱怨：「媽如果想你，就會罵我們，說你怎麼都不回家？」

之後我回過家幾次，每一次都是因為學校要繳交雜支費用，我身上沒錢。幾次之後，母親直接了當拉下臉罵我：「你回來就只是為了要跟我要錢！我還要養你弟弟、妹妹，你開口要的這些錢真是給我造成很大的負擔！」

總是如此，我在母親身上，無論如何就是感受不到愛。偶爾回過頭去看看過往的青春歲月，面對別人總說我非常幸福時，誰又能明白在我最需要愛的時期，卻反而是最缺乏愛的歲月。

我心底明白，我愛母親，母親也非常愛我，可是在青春年少的時候，我們都不懂得如何去愛對方，貧窮的困境也屢屢造成衝突，產生許多的怨與苦。

在母親過世之前，我們五個兄弟姊妹都已經成家有了小孩，我們告訴她：

「媽，你現在沒有那麼多責任要扛了，就去過你自己想要的生活，別再掛念著我們了。」

可是年邁的她，卻用一生滄桑刻痕的嗓音對我們說：「我現在最大的夢想，就是希望你們五個都能在我身邊。」

在我極度需要她的年少時期，她奮不顧身地把我推開，在她人生最後那一段時光，她卻只有把我們找回身邊的渴望。每每想起她過世前的這一段話，心裏頭就會湧出許多酸楚，我想，這就是所謂的遺憾吧！

現在長大了，明白母親那時所承受的壓力，怨懟不再那麼飽滿，反而替她感到惋惜，這一輩子沒有遇到貴人啟發她的智慧，無論是生活或是心理，她都是悽悽苦苦。

開水白菜，看似清淡如水，嘗起來卻有百般滋味，我常說我二十四歲前的人生像極了開水白菜，只可惜不若這道菜嘗起來的滋味——萬般鮮甜。

慈禧與開水白菜

曾到四川成都旅遊，一路品嘗當地美食，也走入市場了解當地的美食文化，一舉顛覆了我對川菜的想像。又麻、又香、又辣、又鹹的川菜其實只是庶民小吃，官方人家或是富裕門第的吃食其實並不辣，因為若是又鹹又辣，宴客時，只見賓客與主人猛喝水的情景，就顯得不夠優雅大方了。

開水白菜是著名又傳奇的川菜料理之一，乍看猶如幾株白菜泡在清湯中，然而若舀起清湯入口，濃郁的好滋味卻是清香爽口。開創這道料理的廚師，正是頗受慈禧太后賞識的御廚黃敬臨，由他在清宮御膳房中研製出來的菜色。

據說當年黃敬臨入主御膳房時，許多人並不看好這位川菜出身的廚子，甚至還在暗地裏嘲笑他：「只會麻辣，真是粗俗土氣。」

為了替川菜爭一口氣，黃敬臨下了許多功夫。

有一陣子，慈禧突然得了厭食症，無論端上何種珍稀佳餚，她都沒有胃口。貼身的太監見這樣不是辦法，於是吩咐御膳房捨棄重口味的菜色，端上清淡素菜，而這道素菜雖是清爽，也必須要能有滋有味、引起慈禧的食欲才行。

黃敬臨就在這個時機，研發出開水白菜這道工序繁複的料理。

據說當時慈禧一嘗，不僅食欲大開，情緒更是大好，還分別賞賜了黃敬臨以及貼身太監百兩銀子呢！從此這道開水白菜，堂堂正正地被寫進了御膳房的菜單中。

因緣進入演藝圈

十九世紀的英國，有一位女性插畫家西赫利・瑪莉・百克（Cicely Mary Barker），她最經典的畫作，就是一幅又一幅色彩鮮明、天真爛漫的《花仙子》作品。看見她的生平故事時，不禁會心一笑，世間人生千百萬種，然而總有某些人的際遇，會讓人想著：「這不是跟我很像嗎？」

瑪莉從小受癲癇所苦，生活範圍限縮在家中，然而繪畫卻讓她開啟了人生另一扇窗，帶領她找到自信，活出經濟獨立的勇氣。而我呢？從小受環境條件所苦，因為家庭狀況不如人，總是自卑地將自己縮在教室一隅，可是演藝工作卻輕而易舉地將我帶出原生家庭的限縮，讓我逐步活出屬於自己的亮麗人生。

花仙子選拔入選

進入演藝圈是許多少女的夢想，從小我就對演藝工作很有興趣，期盼有一天也能跳進那個黑方框裏，穿著光鮮亮麗的衣服，講著與生活中似像似不像的臺詞，又或者是拿著麥克風，對任何話題都能談笑風生。

這個夢想一直悄悄埋藏在心底，即使現實生活艱困，依舊沒有讓黑暗抹煞掉內心對星光的企盼。

我想我是幸運的，打工的地方正是現在臺北東區明曜百貨附近，就讀的高中位在忠孝東路五段。回到那個臺灣經濟起飛的年代，稍有一點姿色的女孩子只要走在那幾條路上，少說也會遇到三個以上經紀公司的人向你搭話，問你要不要當模特兒？

高中畢業那一年，我在經紀公司的推薦下，參加了一個由房地產公司舉辦的選美活動，名為「花仙子選拔大賽」，當時要從眾多佳麗中選出十二名花仙子，而我是落選的其中之一。或許是老天爺眷顧，後來其中兩名正選的花仙子被調查出是以不正當手段獲得選票，因此被撤銷了資格，名次由後面落選的佳麗遞補，而我就這樣遞補上了。

十二名花仙子必須配合公司活動，為馬來西亞的一個建案進行親善宣傳，而且還與張菲「菲哥」的新節目《笑星撞地球》合作，每一位花仙子都有一小段擔任助理主持人的機會。

那年我才十九歲，第一次拿到了主持的麥克風，照理來說，初出茅廬的我表現應該不會太理想，可是最終十二位花仙子回臺之後，只有我被節目組留下來，製作單位說，我的口條與臺風是所有女孩中最好的。

說來有趣，其實我是一個極度沒自信的人，因為家境不好，我對自己相當自卑，在學校裏總是安安靜靜的，無法參與同學們的話題。女孩們下課會手牽手一起去福利社、結伴去廁所，或是一起等待放學，這些經驗在我的求學時光中，一次都沒出現過。

我不善與人互動，可是面對鏡頭的我卻像變了一個人，相當穩重大方。因為鏡頭裏只有我一個人，在攝影棚強烈的燈光照拂下，也看不見其他人，這樣的環境讓我覺得很自在。

說來有趣，我的先生是一個極為幽默的人，只要聽他講上幾句話，總能捧腹大笑，我常說他可能比吳宗憲「憲哥」還好笑呢！但是一面對鏡頭，他就緊張了，講話溫順規矩，盡可能地縮小自己，不再搞笑。而我正巧與他相反，在鏡頭前、舞臺中，我是會放開自己的人，演藝界這份工作彷彿是為我特別打造，天生就是要來吃這行飯的。

演藝新人的契機

進入演藝圈，一開始我依循著前輩們的腳步，由接演廣告開始做起。當時許多「三姑六婆」親戚們在電視上看到我的廣告播出，紛紛去向母親賀喜，「你女兒是明星耶！一定賺了很多錢，你要有好日子過了。」

然而誰能明白，廣告酬勞雖然優渥，但是競爭卻非常大，極有可能一個廣告的試鏡者就有二、三十個人。有時候一個月去試鏡了二十幾個廣告，卻一個也沒有選上，狀況好一點時，才勉強有一次成功，因此，當時我仍然處於阮囊羞澀的經濟困窘中。

後來我想，不如去拍戲吧！雖然拍戲的酬勞沒有那麼多，但是集數長，不僅穩定，累計的酬勞也不少。只可惜我剛出道時，臺灣電視圈還在老三臺的年代，一來戲不多，再者敢用新人的戲更是少。

我就這樣有一餐沒一餐的，從十九歲熬到了二十四歲，在演藝圈裏始終沒能站穩腳步，每天都在為下一餐而苦惱。

「現在有一個九點檔的黃金劇場，其中兩個角色就是設定在培育新人，你要不要去試試看？」經紀人興致勃勃地告訴我，那是一個小護士的角色，選角的時間與地點都已經確定了。

「我已經二十四歲了，就當這是最後一次機會吧！」我斬釘截鐵地告訴經紀人，「如果再混不出一個名堂來，我想我還是乖乖地去外面找一份正式的工作養活自己，不然再待在演藝圈，我一定會餓死的。」

那天我先經紀人一步抵達試鏡的大樓樓下，等待的短短幾分鐘裏，我看見一個個身材姣好、臉蛋精緻的模特兒，上去了，又下來，每個人臉上從緊張雀躍一轉失望落寞。

當經紀人趕到時，我已經失去自信了。我跟他說：「我想我還是不要上去自取其辱好了，好多比我條件好的模特兒都失敗了，我怎麼可能成功？」

經紀人不為所動，拉著我的手，半推半就地把我往大樓裏帶，他說：「既然都來了，就上去吧！」

一到試鏡現場，導演沒有給我任何的腳本，只要我坐下來與他聊聊。前後不過才十分鐘，他手裏捲著劇本，重重地往桌上一拍，直盯著我說：「這角色就是你了！」

當時我的反應相當戲劇化，我不僅沒有感激涕零地謝謝他給予我這個難得的機會，反而從椅子上彈開來，跳到導演視線的斜前方，大驚失色地反問他：「你怎麼這麼快就決定了？」彷彿他這個決定是多麼的不成熟與唐突。

只見導演笑著跟我說：「我導過那麼多戲，見過那麼多演員，會不會演戲，我一看對方的眼睛就知道了，而你的眼神相當靈活，你有戲劇的靈魂。」

就這樣，我開始接演戲劇，也因為這一個機會，我留在了演藝圈，之後還與郭富城合拍ＭＶ，演藝之路逐漸平穩。直到如今，我都與何東興導演保持著聯繫，他是我在演藝路上的貴人，因為當年若不是他的這個決定，可能現今的我也不過是一個一般上班族，既沒辦法實踐夢想，還必須遷就一份或許不是那麼喜歡的工作，為五斗米苦苦折腰。

前輩們無私指導

雖然我的童年時期很苦，艱難的家境也限縮了一個孩子該有的自信，但是進到演藝圈之後，我遇到了許多的貴人，他們有些人拉拔我，有些人無私地把豐富的經驗傳授給我。一如資深前輩乾德門、陸一龍，他們曾跟我說：「你如果要讓自己的演技變好，就去找一個咖啡廳，選擇二樓靠窗、最好還是面對十字路口方向的座位，往下觀察馬路上的人，看個一個星期，你就能功力大增。」

這段話我奉行不悖，經常一坐就是幾個小時，在咖啡廳二樓，望著底下來來往往的人——看這身穿著打扮，這個人肯定是上班族吧！不過這個時間他為什麼在這裏呢？是來找客戶的嗎？所以是一名業務人員嗎？旁邊那位女子，後面揹著孩子，手裏拖著菜籃車，滿臉愁容的她在想些什麼呢？是否跟當年的母親一樣，正為了下一餐在煩惱？為孩子未來的學費在憂愁著？正要過馬路的那對年輕男女，肯定是熱戀中的男女朋友，畢竟他們臉上還存有稚氣，手上也不見結婚戒指，搭肩勾手的姿態熱情奔放，似乎一刻也捨不得與彼此分離。

透過表情、行為舉止，我參與了許多人的人生，設想著他們的身分以及所面對的際遇，天馬行空的想法在我腦中無限奔馳，也對日後演戲在面對不同角色時，發揮了許多想像的空間。

而我也意外地在演戲之中，療癒傷口。

李國修老師曾說：「演戲修行，看戲修心。」每個人的人生，難免都有過遺憾、陰影與缺失，劇中的演員不只是在演戲，透過戲劇的演出，他們也同時療癒自己的內心、填補那些不完美的空缺與遺憾。至少對我來說，確實是如此，一部部的戲、一場場的劇，我深深體會到自己內心那些不圓滿的角落，正一點一滴逐漸被弭平。

花仙子插畫家 Cicely Mary Barker

她出生在一個中產階級家庭。父親的工作令他們一家人經濟無虞，她理應是個在幸福快樂中成長的小女孩，只可惜她罹患癲癇症，身體虛弱，只能在家自學，無法像一般孩子那樣盡情地奔馳在遊戲和草原間。

在某一次機緣下，她接觸到繪畫，開啓了她的藝術天賦，雖然她的身體因為疾病而受限制，但是繪畫卻讓她的頭腦與心靈，開始了天馬行空的無限想像。然而她的插畫家之路並不順遂。十七歲那年，父親去世，家裏的經濟也陷入恐慌，她四處兜售畫作，僅獲得些許的青睞，因此經濟還是非常拮据。但是她並不放棄繪畫，最終，在她的堅持努下，靠著一系列的《花仙子》作品風靡全世界，也讓家人過上好生活。

斷開命運鎖鏈

女兒出生後，即使只是坐在她面前，看著她可愛的模樣，就能讓全家人心生歡喜。有一天婆婆看著她，瞇著一雙慈愛的眼睛，笑著問我：「你小時候是不是也跟妹妹長得很像？」

坦白說，我不知道。

或許是沒有錢拍照，也或許是屢次連滾帶爬拖著家當跟著父母逃債佚失，我沒有任何幼兒時期的照片。唯一的童年紀錄是一張小學的畢業照，然而照片上的我，因為家庭因素而被迫早熟，幾乎已經長成一位小姐的模樣了。

生活是會複製的，打從有了思考能力開始，我就告訴自己，總有一天，要翻轉命運！

故事從三代前說起，我的外婆出生在一個家境還算寬裕的家庭，即使如此，卻錯生了年代，當時的社會氛圍，守舊觀念的長輩一致認為生了女兒就是賠錢貨，即使家境優渥，女孩子還是經常被送給人當養女。我的外婆也是如此，長大後，在不樂意的情況下，嫁給了她不愛的男人。

時代的悲歌造就了外婆一生的不幸，她生下了五名子女後，因為嚴重的婆媳問題與婚姻窘境，最終選擇了逃離家庭，我的母親就在這樣不幸福的家庭中成長。排行老二的母親也曾告訴自己：「我絕對不要走上跟母親一樣的路！未來也絕不讓自己的小孩過得那麼不幸福！」

可惜她最終還是失敗了，她複製了外婆的命運，選擇了一段不幸福的婚姻，一樣生下五名子女。即使她認為已經盡心盡力在撫養這群孩子，但是勞心耗力的貧困生活以及丈夫的不負責任，最終仍讓我們的童年與她無異。

三代女性，三代的命運複製，跟母親一樣排行老二的我，曾經很害怕自己也會落得跟她們一樣的下場。每思及此，只能深呼吸一口氣，睜開雙眼，我告訴自己，我不是她們，我一定要斷開命運的鎖鏈！

被瞧不起的童年

呂家在桃園可謂大戶人家，父親的祖輩留下許多田地。他是家裏最小的孩子，前有長兄與六個姊姊，老么的他自然備受寵愛與疼惜，但或許就是因為天生條件太好，才養育出他不負責任的人生態度。

自我有印象以來，父親始終沒有一份正當職業，成天無所事事，家裏的經濟完全仰賴母親。然而即使如此，他對這個結髮妻子依舊不給好臉色，甚至認為出外工作的母親凸顯他的無用，讓他沒面子。

結婚之後，母親時常得忍受他的謾罵、毆打，以現今的社會用詞，就是家暴。可是無論日子再苦，母親堅守傳統婦女的三從四德，並沒有離開父親，甚至願意為他扛下外頭的賭債和養育五個孩子。我小時候常常問母親：「你為什麼不離開他？沒有他，我們會過得更好！」

我始終沒有得到答案，繼續在不幸福且經濟困窘的環境中逐年成長。

這樣的家庭不會被看好，這樣家庭下養育出來的孩子，更是早早就被看衰。我永遠忘不了，一個時常來往的親戚，就曾對著我們五個兄弟姊妹直言，「你們這些孩子將來絕對不會有什麼出息！」

「良言一句三冬暖，惡語傷人六月寒」，當時我已經是個青春期的孩子，嗅得出來他語氣中濃濃的輕蔑。

兄弟姊妹們聽了都很生氣，但我只是忍住眼淚，把弟弟、妹妹們叫來跟前，告訴他們：「今天他講的這句話，你們一定要記在心裏，我們要做給別人看，不能讓別人瞧不起，再窮都要有志氣。我們不需要在這個節骨眼跟他爭吵，一點意義也沒有，二十年後，我們用行動告訴他，我們不會是他認為的樣子！」

在我的成長過程中，這樣的奚落不只一次。

還記得國中畢業後到婦產科打工那年，護理長知道我的家境不好，家庭狀況甚至可以說是分崩離析，便對著年紀輕輕就出來打工賺錢的我說：「我見多了像你這樣的女孩子，大多十八歲就結婚、二十歲就生兩個小孩了。」

她說得煞有其事，像是算命仙般鐵口直斷，但我僅當她是騙子，倔強地回嘴：「我才不會成為你說的那種女孩！我早有規畫，要結婚也是三十五歲。」

護理長聽了只是笑，那抹笑一點也不美，一點也沒有春風習習的快意。診所的門發出清脆的開門鈴聲，病人上門了，她也該去忙正事了，於是在腳跟旋向診間之前，草草回應了我的反駁，「這是絕對不可能的。」

我好氣，但比起生氣，倔氣倒是多了一些。想起當年自己對弟弟、妹妹說的那些話——我不會在這個節骨眼跟你爭吵，我會做給你看！

把錢拿來投資自己

自從那個小護士的選角之後，我在演藝圈彷彿被打通了任督二脈，廣告、戲約、主持工作，不斷地找上門來，而讓觀眾對我最有印象的，就是在「菲哥」主持的《綜藝大哥大》中擔任助理主持人。

當時主要的任務是在每一集中表演一項新的才藝，常常一集錄影才剛結束，工作人員就會來問我：「你想學什麼？下一集要表演什麼？」我想學長笛，他們就趕緊去請一位長笛老師來教我吹奏；我想學魔術，他們甚至還能找來頗負盛名的粘立人老師為我一對一教學。

我學肚皮舞、印度舞、歌子戲，其中歌子戲更是我兒時的夢想。還記得當時在節目中表演之後，很快就接到歌子戲戲劇節目打來的邀約，誠懇又急切地問我：「你想不想來客串王昭君這個角色？」只可惜那時的工作忙到排不出時間。

除了才藝表演，我們也不時挑戰科普原理。例如一顆雞蛋可以承受五公斤的重量，因此即使我站在一個裝滿十顆雞蛋的塑膠盒上，也能保證顆顆不破！我們也曾買來一顆椰子，再將牛奶糖捏成三角形，尖端朝上放在地上，再將椰子從高處往牛奶糖一丟，就能輕而易舉地將堅硬的椰子殼鑿出一個洞來。

當時我學到好多東西，這是原生家庭沒有辦法也沒有能力給我的。曾有人跟我說：「好辛苦喔！每個星期都要學習新的才藝，壓力一定很大吧？」

我當時覺得這番話很奇怪，真誠地回答對方：「怎麼會呢？製作單位免費讓我學習那麼多才藝，我感謝都來不及了！」

至今回想，我甚至可以自豪地告訴所有人，「這是我到現今為止的人生，最快樂的一段時間了！」

零交際應酬

身在演藝圈，許多人的想像都是「生活在五光十色中」，然而我卻是個完全不懂應酬的人。後來認識了先生跟他交往時，他很訝異像我這樣的演藝人員，竟然會是一個道道地地的「宅女」。

在一般人的想像中，演藝人員的私生活應該是很豐富的，成天有跑不完的派對、吃不完的飯局，私生活應該和舞臺上一樣燦爛炫目。但我在工作之餘的生活卻比平凡人還要平凡，甚至比一般上班族的下班生活都還要來得黯淡。

早年，我在演藝圈的形象偏向美豔型，很多人時常問我的經紀人：「你跟郁方姊在一起，每天一定有跑不完的飯局吧？」

經紀人總是努力又認真地為我平反，「沒有，郁方姊工作完就直接回家了。」他這句話很少有人會在第一時間相信，隨後總還會再多幾個疑問句。別人認為經紀人是在保護我，但事實上，我的生活真的就是如此。

早年臺灣外送並不盛行，因此沒有錄影或演戲的日子，我總會在下工後，順道買飯回家自己一個人吃。婚前的我，在演藝圈的朋友也不很多，當時比較交心的屈指可數，其中最熟的大概也只有謝金燕而已。

為什麼我寧願回家，也不參加飯局？為什麼我寧願回歸平淡，也不願赴約跟其他藝人以及工作人員參加派對、到ＫＴＶ歡唱？

理由其實再簡單不過，因為要花錢。

我沒有本錢揮霍，沒有背景仰賴，在工作中所賺的每一分錢，我都得打上「三十六」個結（一般人是二十四個結），錙銖必較地使用。聚餐要花錢，即使是別人請我吃飯，總有一天我也得回請，那不成；去ＫＴＶ要花更多的錢，尤其我又是藝人，如果還跟工作人員一起分攤，太難看了，但要在昂貴的歡唱費中再多掏出錢來，我沒有能力，這也不成。

窮，是一大阻力。

工作的酬勞，除了繳房租、水電、飲食開銷以及治裝費之外，都只存進一個銀行，那個銀行，就是我自己。

我投資我自己，我買書、看書，因為知道自己的學習過程有太多的不足；我學游泳、騎馬，因為我知道，如果要當好一位演員，這些技能絕對是必備的。當我擁有這些技能，導演在選擇角色的時候，或許就是需要一個會騎馬的角色、或許是需要一個會游泳的角色，那麼我就有最好的優勢，取得這個工作機會。

我沒有浪費時間的本錢，我需要工作，因為有工作才有收入，因此我必須時時做好準備。我寧願孤單，也不願放棄任何投資自己、為自己加分的機會，因為我想翻轉命運。

科普一二三

不知道大家有沒有嘗試過，買來一顆新鮮帶著綠殼的椰子，用刀子剖開的經驗？試過的人都知道，即使手上有一把刀，也得費九牛二虎的功夫才能把椰子殼剖開。那麼，捏成三角錐形狀的牛奶糖，為什麼可以輕鬆地在堅硬的椰子皮鑿出洞來呢？

其實這都是物理原理，椰子由上往下掉的重力加速度接觸到牛奶糖，錐形牛奶糖接觸的面積小，因此能使重力集中，形成一股同等的反作用力，這股集中的力量，就能將厚實的椰子殼剖開啦！

學會保護自己

我是在三十歲跟現在的先生交往之後，才開始擁有所謂的生活圈；三十歲之前，為了存本錢、存生活，交際應酬首要被排除。二十歲之前命運坎坷，不僅是班上的邊緣人，即使已經默默無語，將自己盡量縮小至透明，仍然是同學霸凌的對象。

被霸凌不是壞事，因為有過這樣的經驗，自很小開始，我就已經學會如何保護自己。

老師的那一巴掌

每個時期，我被霸凌的理由都不一樣。

小學時，我經常在搬家，幾乎一年就要搬一次家。有一天我一如往常地上課，度過幾個小時的學習時光，當下課鈴響，我揹著書包，踏著小步伐走進家門那刻，眼前的景象不禁令我呆若木雞——所有那些我習以為常應該要在它位置上的家具、家電，通通都不見了！

後來我問媽媽，她才告訴我：「討債的上門來要錢，我們沒錢，他們就把所有家當都搬走了。」

我們時常在躲債，躲父親欠下來的債，幾乎一年就要搬一次家，半夜拎著行李落跑的場景，我不用接戲演就已經習以為常。至今這些童年回憶所帶來的後遺症，也並非全是負面，我對於「斷捨離」很有一套，收納更是不在話下，先生常常驚訝地看著我手腳俐落地整理東西，直誇我：「你真的是太厲害了！根本是收納高手。」

可不是嗎？我對於收納很有自己的一套方法，因為討債的腳步聲已經迫在眉睫，收拾得晚一些，被他們逮到，可就要有苦頭吃了。

由於時常搬家，因此我也常轉學，每間學校待上一至兩年不等，幾乎很難跟同學熱絡、交心。加上父親欠債與家暴，我常常是人在學校裏，心卻飛回家裏，「今天爸爸跟媽媽的關係還好嗎？」「不知道討債的人找到了我們沒有？」

煩惱與憂愁盤旋在心裏，這樣陰鬱的轉學生，同學們自然也不會那麼歡迎我。雖然我容易因為家裏的狀況而分心，但我的功課還算不錯，尤其在文科背誦部分，幾乎都是班上的佼佼者。

國小四年級那一年，我轉學至桃園的西門國小，至今都還記得就讀的班級是四年信班。一天，老師要我們在課堂上寫作文，這也是我第一次在新學校交上作文作業。

當我寫完交給老師之後，老師一手拿著我的作文，眼睛順著一行行字往下刷，一張臉也愈拉愈低、愈來愈難看，緊接著在我措手不及之際，作文紙已經被老師摔到地上，臉上則被她用另一隻手落下狠辣辣的一巴掌。

我的臉遭受重擊還滾燙著，耳邊傳來隆隆的嗡鳴聲，老師憤怒的聲線冷漠地劃破耳鳴，「你說，你是抄哪本書的？」

我一臉納悶，所有的字字句句，都是我自己想的，我哪裏有抄什麼書？

「不可能，你不要騙人了，小學四年級的學生怎麼可能寫出這樣的文章？」老師氣壞了，而我只能抬起手，頻頻替自己拭去不斷落下的委屈淚水，盡可能在哽咽聲中分辯：「我真的沒有抄書。」

老師不相信，我的淚水更激發她不死心，她叫來坐在我四周的同學，問有沒有人見到「犯罪現場」？

結果還真的有一名女同學站出來指證我，「有，她有抄，抄了我帶來的一本作文範本，我有叫她不要抄，但是她很堅持。」

我臉上的淚水已經變成淚痕，淚水中的鹹度正刺激著細嫩的臉龐，但是我的心卻更糾結，心裏想：「我跟她無冤無仇，她為什麼要這樣子亂說話害我？」

小女生世界的可怕，我在小小年紀就開始領略。

老師要那個女同學隔天將作文範本帶給她看，確實，範本上有相同的字句，但不是什麼詞藻華麗的文句，而是一句無關緊要的話語。老師翻了又翻、找了又找，再也找不到一句能指出我抄襲的證據，這才不甘不願地放下作文範本，相當勉強地對我說：「嗯，你也沒有全抄啦！」

她沒有向我道歉，沒有替我平反冤屈，甚至也沒有任何不好意思的情緒，可是我已經記住那一巴掌了。

後來每一次的作文，我都特別用心，幾乎每一篇都能拿到九十分以上的分數，因為我要證明給老師看，我就是在國文造詣上特別有天分的孩子，我要用實際行動替自己爭一口氣！

裝傻保護自己

青春期之後，我被霸凌的原因，則是因為我比別人稍有姿色。

國中的時候，就讀的是女校，班上有幾個女生相當囂張，其中一個可以說是大姊大的角色，其實說她是一個小太妹也不為過。當時她看我特別不順眼，常常來找碴。

有一天，她領著一群女生走到我的位子旁，每個人無論是肢體或是眼神，都極其不友善。她不客氣地對我說：「我聽說，你每天都畫眼線來上課，甚至還擦了睫毛膏。」

這話真是嚇壞我了，女校校規非常嚴格，頭髮長度一定得齊耳，怎麼可能讓學生畫眼線、塗睫毛膏來上課？更何況我根本買不起眼線筆、睫毛膏。聽了這話，我只能鎮定心神，告訴她：「我真的沒有，不然你可以摸摸看。」

另一個女生彷彿是和她唱雙簧，緊接著搭話：「你究竟是用了什麼方法，為什麼你的黑色瞳仁這麼大一個？」

這個問題我還真的答不出來，畢竟那個年代還沒有瞳孔放大片呢！

對於這類的惡意，我沒有反擊的能量，因此我常告訴自己，就用「裝傻」來躲避這類麻煩吧！

後來在演藝工作上，裝傻這項技能，不知道救了我幾回？

有一次，我在一部戲劇裏客串了某個角色，雖然只是客串，但是戲分還算吃重也討喜，是一個美女的角色。

一天在等待上戲的時候，編劇走過來並遞上寫了他的手機號碼的紙條給我，跟我說：「晚上回去打電話給我，關於你演的這個角色，有些事需要討論一下。」

我當時心裏笑著：「你騙我還是小孩啊？分明就是有所意圖。若要討論角色，也是導演來跟我討論，不然也能在拍片現場討論，怎麼還需要大半夜的跟你通電話呢？」

那晚，我沒有打給他。

翌日在片場碰面時，他臉上神情不是很好看地問我：「為什麼你昨天沒有打電話給我？」

「啊！」我假裝驚呼一聲，萬分抱歉地說：「對不起、對不起，昨天回去太累，我就睡著了。」

他又氣又不敢當場發作，於是拋下一句：「你今天晚上一定要打給我。」

當晚，我又沒有打給他。

隔天拿到腳本的時候，我的角色瞬間從一個大美女變成一個神經病。正當我感到匪夷所思，他走了過來，靠在我身邊小聲地說：「如果昨天晚上你打電話給我，今天就不是這個結局了。」

我難過嗎？我生氣嗎？還真的沒有，對我而言反而還覺得有趣，我演過太多次美女的角色了，演個神經病，觀眾反而更能對我留下深刻的印象呢！

我深知，在這個複雜的圈子裏，稍一不慎就可能被生吞活剝。但是在這個圈子裏，我既沒有資源，又沒有人脈，又該如何是好？裝傻吧！裝傻就是我的保護色，做人別太過聰明、太愛計較，也別事事都往心裏去，這樣日子過得才開心，不是嗎？

裝傻的小唐太宗

若說歷史上最會裝傻的人，那麼唐宣宗李忱可說是一個經典角色。

李忱是唐憲宗的第十三子，是宮女所生的庶子，由於出身卑微，在眾皇子之間，他並不受注目。但李忱是一個相當睿智聰明的小孩，眼見朝政頹敗，他一心想振興國家，但面對那麼多皇子，他區區一個庶子怎麼可能被推上大位？

小小年紀的他很快就發現，其實朝廷勢力最大的就是宦官，他們不僅勢力強大，更想把持朝政。於是李忱裝瘋賣傻，就這樣演了三十六年的傻子，他的演技之好，被推入糞坑也不以為意，無論走到哪裏，就連太監跟宮女都能嘲笑他，飯碗裏頭總有壁虎、蜈蚣等惡作劇。

終於，機會來了，宦官們眼見李忱是個傻子，心想若將他扶上大位，那麼這個國家的實權就能落在他們手中，因此當唐武宗逝後，他們就全力將李忱扶上皇位，登基成為唐宣宗。

豈知他一當上皇帝，不僅不傻也不瘋了，甚至果敢地祭出鐵腕，抑制宦官勢力、解決社會問題，外交戰事連連得勝，社會變得安定繁榮，史稱「大中之治」。在他死後，百姓甚至還給了他「小唐太宗」的美稱呢！

記憶中的美味

古典文學《紅樓夢》，書中提到許多美食佳餚，民間更因此發展出所謂的「紅樓菜」，如文思豆腐、千層油糕、黃橋燒餅等，若問了真正的紅樓迷，他們還連這道菜出現在書中的第幾回都能答得上來呢！臺灣也不乏有些餐廳大廚，挑戰推出紅樓菜席，具體實踐書中佳餚，慰藉紅樓迷們的味蕾。

雖然《紅樓夢》的作者曹雪芹在書中寫了這麼多令人垂涎的精緻菜色，數一數有一百八十多種，但大多只是提筆帶過，沒有介紹詳細作法，然而其中「茄鯗」這道菜，卻透過王熙鳳之口，將作法、配料、程序講得詳詳細細。

按書裏所講的，茄鯗取自四、五月份的茄子，採收後必須將皮與穰子去乾淨，只留白嫩的茄肉，再將茄肉切丁下鍋油炸，之後佐以相同切丁的香蕈、蘑菇、新筍、乾果等用高湯煨乾，並以香油一收、糟油一拌，再將之收進陶瓷罐裏封實，要吃的時候再拿出來與新鮮食材拌炒，如此即可上桌。

這道菜的滋味之絕美，讓劉姥姥吃得直說：「茄子都能做出這個滋味來，那我們也不用種糧食了，就種茄子就好了。」

雖然茄鯗作法說得詳細，但是至今大小餐廳所推出的紅樓菜中，要吃得到茄鯗並不容易，據說有廚師如法炮製，但做出來的茄鯗卻不如書中說的美味，甚至有人興沖沖一嘗，眉眼都皺了起來，撇著嘴說：「怎麼那麼難吃！」

不知道大家有沒有過這樣的經驗，當我們去到外縣市，循著網路介紹往當地美食一探，滿心期待很快就落了空，心想：「這食物也太難吃了吧！怎麼當地人還稱之為美食呢？」

其實，美食之所以為美食，不在於這道食物費了多少功夫、精算多少用量的調味，很大一部分，在於人們欲緊緊抓住記憶中的味道，那才是食物之所以為美的精髓與真諦。

初嘗麻芛

二〇〇六年，我嫁給了愛情長跑六年的先生。嫁做人媳之後，我並沒有放棄最愛的演藝工作，公婆和先生知道那是我的興趣與夢想，相當支持我的決定。但是孩子出生之後，我不得不開始減少工作量，因為我想多花點時間陪伴孩子。

首先割捨的是演戲，如果拍戲時間不長，還可以試著接演，如果過於日夜顛倒，就算劇本再好，也只能搖頭婉拒了。隨著老二接著報到，我花在孩子身上的時間也愈來愈多。

記得拍的最後一檔戲，劇名是《沒有名字的甜點店》，接演的時候我還沒發現自己懷孕，等到發現時，我不好意思地跟導演說：「怕之後肚子愈來愈大不能連戲，是不是能先將我的部分趕緊拍完？」

導演是一位富才氣的年輕人，也就是演員陳意涵的先生許富翔，他是一位很優秀的導演，擅於刻畫場景。當時我們租下土城一個廢棄眷村拍戲，聽說再過一兩個月，這座眷村就要被拆掉了，他在如此有限的時間裏，仍然極其到位地營造出一個美好的氣氛，就像走入兒時的臺灣。每次走入拍攝場景，就好像小時候放學回家，黃昏時分的溫暖夕陽直射入家門、落在餐桌，而母親就靠著桌子挑菜，準備要做晚飯。

故事設定在臺中，我飾演的是三姊妹中的大姊，戲裏三姊妹的母親在廚房忙著切碎綠葉，一放、一攪，一鍋糊糊的綠色湯汁就完成了。她為三姊妹一人舀上一碗，規定大家都得吃完這一碗稠糊的綠色湯汁才能出門。

戲裏，我喝了一口之後，就將整碗倒給小妹，說著：「我要到學校去做功課了。」之後拿著書包就往門口去。之後戲裏的二姊，也隨口說了聲與人約在圖書館一起溫習功課，就把一整碗湯也倒給小妹。

大姊跟二姊並非真的有事趕著出門，而是她們都不愛那一碗綠湯的滋味，而那一碗湯就是麻芛，在劇情設定中，是媽媽的味道。

雖然在劇中我僅止淺嘗一口，但知道這是臺中人獨特的美食之一，許多人長大出外工作最懷念的便是這道菜，我不禁想：「臺中人還真妙呀！」

麻芛對我這個北部人而言是吃不慣的，下了戲之後，我再也沒有接觸過麻芛。直到有一次在慈濟的靜思書軒，看到架子上琳琅滿目的沖泡飲品中，五穀粉、薏仁粉倒是常見，也是相當健康無負擔的飲品，一直以來都是我的心頭好；然而曾幾何時，架子上默默地出現了另一種有別以往的白底綠葉包裝，定睛細細一看，竟然是麻芛純粉！

自花蓮起源的慈濟基金會，怎麼知道這道臺中「名產」呢？問了門市人員才知道，原來慈濟創辦人證嚴法師出身臺中，自然與麻芛有相當淵源。門市人員也告訴我，麻芛其實是取自黃麻的嫩葉和嫩芽，一九五七年，臺中農業改良場以黃麻種子研發出名為「臺中特一號」的新品種，就此讓麻芛在臺中大量種植，也形成了臺中的特色作物。

然而麻芛那甘中帶苦的滋味，並非人人都能接受。因此除了麻芛純粉之外，他們也用心地搭配，將麻芛與薏仁混和，開發出麻芛薏仁粉，沖泡後如抹茶般的色澤，期待不是臺中人的外地人，也能一同品嘗與享受麻芛的獨特滋味。

母親的芋頭粿湯

懷念的滋味，在我的記憶中也有，特別是我最愛吃的碗粿。

小時候我最愛坐在碗粿店的木頭長椅上，看著老闆端來用藍邊白瓷碗裝的、上頭還冒著熱氣的碗粿。我將蒜蓉、醬油膏往上一淋，再用老闆附上的竹籤，四四方方地劃開細嫩的碗粿，戳起一塊大小適中的碗粿送入口中，那滋味真是無與倫比的美妙。

只可惜長大之後，碗粿雖然四處都有，但我始終找不到藍邊白瓷碗裝著的碗粿了。有一次在路上，好不容易看到碗粿店蒸籠裏的竟是藍邊白瓷碗，興匆匆地跑去買，結果老闆竟是把碗粿盛到塑膠碗中給我，讓我還沒吃，心中就頓時失望了。記憶中的滋味，除了食物本身的味道，還有初次品嘗到它時的樣貌、環境以及心情，稍有一個環節錯了，味道就變了、不對味了。

在演藝圈的發展，我從主持入門，其中主持過最多的節目類型，就是美食節目，也因此認識了許多國內知名的大廚們。相處久了、熟悉了，偶爾在外頭吃到很美味的食物，就會請師傅們試著做做看，有時候師傅們閉門研發數日，還真的找到了美味的要訣，但始終有一道菜，沒有一位師傅能做出我想要的那個味道。

我的母親雖然忙，但是對於三餐，她未曾鬆懈偷懶，手藝也相當不錯。其中我最愛的，就是她做的芋頭粿湯。

逢年過節，家裏總會出現幾塊芋頭粿、蘿蔔粿，乘新鮮時，母親會在鍋底放上一些油，再將粿切成片，下鍋煎到雙面金黃帶點焦脆，起鍋就是一道點心了。怕我們吃膩，不願浪費食物的母親，最後總會把剩下的芋頭粿切成一口大小的長條狀，配上香菇、油蔥酥、蘿蔔絲、筍絲、紅蔥頭與芹菜末煮成湯，起鍋前再淋上一點香油、胡椒粉，就是一鍋配料豐滿的芋頭粿鹹湯了。

自從十幾年前母親過世之後，我就開始尋找這個味道，可惜怎麼找也找不到，各大名廚但憑絕妙本事，也總令我失望。我曾親手嘗試去做，仰賴在廚房邊看著媽媽下廚的記憶，配料、調味料，甚至放置的順序都無一錯失，結果，總還是不對味。母親的味道我做不出來，只能停留在記憶裏、舌尖上。

現在我自己也當了母親，每年我都會在過年的時候做這一道料理。過年的時候很多人都會送來蘿蔔粿、芋頭粿當作新年賀禮，我依循著母親當年的作法，乘著新鮮，下鍋煎給孩子們當早餐，有時候也能是午茶點心。

但只要放了幾天之後，粿因為接觸空氣而變硬，口感自然不若剛出爐的好，我就會拿來煮成鹹湯。先用蒜末爆香，再淋醬油繼續炒，等香氣足了再加水，水滾入味以後，蘿蔔粿或芋頭粿切成適合入口的大小放進湯裏，最後加一點芹菜末、糖跟鹽、胡椒粉調味，起鍋前再淋上香油，就大功告成了。

雖然我做不出記憶中母親的味道，但當我在廚房煮這道料理時，彷彿就能將我拉回小時候的廚房。看著母親做菜的背影，聽著菜刀落在砧板上的叩叩聲，聞著迎面而來的香味，真真切切地懷念著母親，跟著印象中的她，一起過年！

林世航營養師解析：麻芛

麻芛是臺中特有的植物，也是中部人很常攝食的綠色葉菜之一，麻芛有不錯的葉酸含量，膳食纖維更是它的一大優勢。膳食纖維不僅能預防便祕，同時也能控制腸道菌叢生態，對於預防大腸癌有不錯的效果。

中部人大多會把麻芛切碎煮成湯，如此一來，麻芛的水溶性營養素比較容易流失在湯汁中，如果能連湯全部喝下去，就能攝取到水溶性營養素了。當然，如果把湯煮得太大鍋，可就喝不完囉！

翡翠麻荢豆腐羹

創意食譜提供／陳雪霞

麻荢帶有獨特的苦味以及稠糊感，因此很多吃不慣的人，對它可是敬而遠之，其實只要用點巧思，麻荢也能成為餐桌上令人歡迎的羹湯喔！

一、材料

麻荢純粉	1大匙
豆腐	1塊
蛋	1個
水	3大匙
玉米粒	1／2杯
太白粉	1大匙

水——1大匙
鹽——2／3小匙

素高湯或水—3杯
胡椒粉——少許

二、作法

1. 麻芛純粉加水三大匙調勻，豆腐切一公分正方薄片，蛋打勻，太白粉加水一大匙調成太白粉水備用。
2. 素高湯煮開，下豆腐、玉米粒煮開，入調勻的麻芛及鹽、胡椒粉調味，以太白粉水勾芡，加入蛋液拌勻，取出裝碗即可。

小叮嚀

◎加蛋白時，可由高處慢慢倒入並一邊拌勻。
◎可隨喜好上加香菜，不吃蛋者亦可不加蛋。

創意食譜提供／陳雪霞

穀粉蜜乳水果

文中提及的五穀粉，除了加熱水兌開作成沖泡飲品，另外加點巧思，就能成為健康無負擔的沙拉醬！

一、材料

五穀粉	60公克
煉乳	2茶匙
蘋果（去籽）	1個
草莓	3兩
蜂蜜	1茶匙
香蕉（去皮）	1根
哈密瓜（去籽）	4兩

二、作法

1.香蕉、蘋果、哈密瓜切丁塊，草莓切半備用。

2.取一水果盤，將切好的香蕉、蘋果、哈密瓜及草莓置盤中，加上蜂蜜、煉乳及五穀粉，食時拌勻即可。

小叮嚀

◎主食類加上水果，可當點心，亦可當早餐食用，方便又清爽。

◎五穀粉可隨喜好增減或改成燕麥片。

◎香蕉、蘋果易變色，為保持水果的維生素，宜食用前再切，若要先準備，則最好能過鹽水，以防變色。

◎水果亦可隨喜好增減或替換。

◎蜂蜜與煉乳的組合，亦可以優格取代。

沒有人有義務愛你，若有人愛你，你要珍惜感恩，沒有也很正常，但是你可以先學習付出、學習愛。

《陳家家訓第十二條》

#【第二部】

旅行的意義

踏入演藝圈拍的第一支廣告，是在十九歲那年拍的一個巧克力廣告，廣告裏我飾演的是坐在大象背上的泰國公主，男主角周守訓則是王子。工作人員找來一頭大象，並在上面架了一頂色彩斑斕的帳篷，我坐在上頭相當優雅。

但是我的優雅心情維持不了太久。

由於大象也必須配合演出，隨著場景變動、為求更好的畫面不停地重來，大家也必須配合我們的演出，不斷地蹲下與站起。拍著拍著，我們累了，大象也會疲累，偶爾耍耍脾氣不願配合，這時工作人員驅動牠的方式不是好生安撫，而是拿起一把鐮刀，往牠耳後直直地鉤下去，這樣的痛，讓大象不得不重新振作起來。

我坐在大象的背上，望著牠耳背皮膚斑駁，最後忍不住對馴象師說：「你不要再鉤牠了！」但我心裏最想說的其實是：「我不想再拍了！」

而後，每次到國外，我總會避開騎大象的行程。對我來說，牠們應該要盡情地在大自然中生活、奔跑與嬉戲，而不是被關在一方天地中，苦苦地在人類的馴服下度過一生。

有時候，我覺得自己也像是頭大象，不該被限制在某一個地方，也不該被局限在誰誰誰的期望中。因此當有了能力之後，我開始四處旅行，邁開雙腿，使勁地奔向世界他方。

剛和先生交往的時候，他始終不明白，為什麼我可以一個人吃飯，更訝異的是，我竟然能夠一個人去旅行！一個人旅行，這是他完全做不到的事情。

在我進入演藝圈並且有了比較穩定的工作之後，每年扣除投資自己的花費，另外還替自己存下一筆旅遊基金。當基金達到目標，又或者拍完一檔戲後，我就會訂機票、排住宿，飛到國外去旅行。這是我唯一肯花錢犒賞自己的方式。

大多都是自己去旅行，畢竟要找朋友去也不容易，除了要找到對的人，還得配合彼此的時間，麻煩我不怕，怕的是我不能等。旅行對我而言，意義就是「不能等」的重大。

校外旅行踏出生活圈

小時候因為家窮，大人一心只想著如何拚經濟、餵養一家活口，別說國外旅遊，就連到隔壁鄉鎮踏青也都是奢望，因此我將一切都寄望在學校。

在我的童年時光中，學校扮演著非常重要的角色，它教我讀書識字，更重要的是，只要在學校的一天，這個地方的資源就能帶我走出生活圈，探看一方的世界，每年的校外旅行我絕對不會錯過。

至今都還記得，小學一年級以及二年級時，我在桃園念書，因為年紀還小，所以老師只帶我們到學校附近的桃園體育館遠足，即使只是去那麼近的距離，對我而言已經是非常不得了的事情了，畢竟媽媽一輩子也不可能帶我們去體育館。

四年級我轉學，新學校一樣在桃園，因為我們年紀比較大了，學校特意安排遊覽車載我們到北海岸一遊。呼吸著北海岸的海水味，眺望沿途海岸風情，那些畫面我至今都忘不了。

然而也不是每一次旅行我都能有好運氣，國小五年級那次的旅行，就成了我終身的遺憾。那是個夏日時節，天氣相當燠熱，期待翌日的旅行而過於興奮的我，顧不得沒有熱水，興沖沖地洗了一個冷水澡後便上床睡覺了。

電風扇左右擺動，沁涼的風鑽進薄薄的被窩裏，我的心情也暢快極了！我喜孜孜地想：「只要一睜開眼睛，我就能去旅行了！」

怎料隔天早上一起來，前一天晚上的神清氣爽全然煙消雲散，取而代之的是頭昏腦脹的不舒服。即使如此，我仍然揹起前一天細心滿裝了零食的包包，早早就到學校去。進到教室，我彷彿已經用盡了全身力氣，全身也熱烘烘的，旁邊的同學在比拚誰的零食帶得稀奇、帶得豐盛，而我卻克制不住自己的眼皮與疲軟的身體，倒趴在桌子上。

老師說，我發燒了；緊接著遊覽車來了，我看著同學一個一個坐上車，而我卻連一級臺階都沒能踩上去，之後就被送回家裏。回到家的我，身邊少了遊覽車獨有的香水味以及熱鬧的嬉笑聲，只有那一袋孤零零的零食作伴。

好不容易盼到六年級的旅行，無奈家裏的經濟實在不允許，媽媽連一千多元也湊不出來，那一年，我就在扼腕以及遺憾之中，從小學畢了業。

只有學校才能帶我去很遠的地方，如果有機會，我是不願意錯失任何一次的旅行。國三那一年，旅行的機會多了一個，除了畢業旅行之外，還有一個救國團所舉辦的旅行，由於出遊日期不同，因此很多同學選擇兩個都參加。

「不行，我們家沒有錢，沒有能耐讓你參加兩個旅行。」媽媽說這些話的時候，語氣帶著嚴厲。

但我也不願放棄，我知道我不能全部都要，這樣我只會全盤皆失，但如果在兩個其中擇一，或許還有機會獲得母親的同意。畢業旅行是重要的回憶，但是救國團的旅行又是如此地與眾不同，我必須在短短幾秒鐘的時間做出抉擇，「不如這樣，畢業旅行我不去，我就只去救國團的旅行，這樣行嗎？」

母親看著我，好一晌才同意，我看得出她的為難。事後她是拼拼湊湊，好不容易才湊足了一千八百元，讓我去救國團繳交團費。

童年的代償作用

旅行於我而言是很重要的一道養分，但先生跟我卻是全然相反。公公、婆婆雖然事業忙碌，但是他們懂得安排時間，也不錯過任何與小孩相處的機會，因此每逢週末假日，他們就會帶著孩子去旅行，旅行的內容包羅萬象，海邊、山上、朋友家、國外，經濟無虞讓他們擁有好多的選擇。

我曾聽先生說，他印象最深刻的是，有一回他們開著剛買的新車去烏來踏青，由於開的是山路，車子又新還不熟悉性能，所以公公開得極其緩慢，慢到後面的車一路上都在不耐地按喇叭。

但公公完全不以為意，也不覺得煩躁，反而慢條斯理地說：「到烏來就是要享受這個陽光跟這個風，開那麼快幹嘛呢？他們愛按喇叭，就讓他們去按。」

先生笑著回憶這段往事，直說：「後面的人氣死了，後來抓到機會，一個一個超我們的車。」

然而就因為他從小到大時常都在旅行，因此造就了他極度不愛旅行的性格。

或許是代償作用吧。小時候貧乏的記憶，促使我長大之後想把自己的生活過得有滋有味，生活中滿是艱辛和挫折，但是只要帶著微笑，黑暗很快就會過去，黎明一定會到來。

我熱衷旅行，生了三個孩子之後，更是瘋狂地安排各式各樣的旅行，一天到晚帶著孩子四處去玩，每個星期都有不同的活動。先生當然每場必得參與，畢竟這是親子旅遊呀！

當時出遊之頻繁，一度讓先生跑去向婆婆告狀：「媽，我真的玩得太累了，可以請你媳婦不要再安排旅行了嗎？」

婆婆當然只是笑笑，因為先生也不是真心在告狀。

「我們要珍惜現在，孩子們到了國小三、四年級時，課業就會變得很重了，屆時就算我們想帶他們去旅行，也沒辦法了。」我告訴先生我小時候的經歷，語氣中有些無奈，但也有想法，「旅行是在豐富生活，等我們老了，就靠這些回憶了，這是我們跟孩子之間很重要的回憶。」

我不希望老了之後，不記得是否跟孩子出去玩過。長大後遇到許多長輩，尤其是年輕時在經濟上努力拚搏的長輩們，他們時常語帶惋惜地說：「回過頭來看，我都不知道自己的孩子是怎麼長大的？」

我想跟小孩一起長大，我得坦白，這分心念中，很大的成分，其實是想彌補父母沒有陪我長大的缺憾。

創造相處的美好記憶

有一年過年，我們帶孩子們去日本箱根的百大溫泉度假。旅行社安排的旅館極佳，是一幢美麗優雅的日式房屋，房間裏有榻榻米、有舒適的床，打開落地窗往外走去，是一方精巧美麗的庭院，中間還有一座露天溫泉；向外看去，美麗的山頭上堆疊著層層白皚皚的雪。

孩子們看到這麼美麗的住宿環境，個個尖叫不已，興奮地跑了房間一圈，最後跑回我身邊來，給了我一個深厚又緊實的擁抱，說：「媽媽，謝謝你！」我常常帶孩子們出去旅行，孩子們知道，這是我愛他們的方式之一。

久了，孩子自己也會有一些對旅行的期盼以及想法。例如有一回，我們用餐的餐廳旁邊是一棟膠囊旅館，他們覺得非常有趣，紛紛央求我：「以後我們可以住住看膠囊旅館嗎？」

有何不可呢？這世上無奇不有，旅行的方式也非常多元，當然可以試試看！

又有一次，我們一起到尼泊爾去，當時帶了一批物資要贈與當地的寺廟，因此負責聯繫車輛的人，幫我們準備了一部運貨卡車。卡車前方有幾個室內座位，但孩子們才不坐呢！就算告訴他們貨車後方坐起來不舒適，但對他們而言，坐在卡車後面，簡直比遊樂設施還要有趣！

相同的有一回，我們要陪大兒子到義守大學表演，高鐵站下車後，決定向租車公司租車代步。租車公司提供許多車子型號，研究了一下，不一會兒先生開懷地告訴我：「我租了一臺全新的賓士，老早就想開開看那個型號的車子了！」

結果租賃公司的人帶我們去取車，小兒子看到停在賓士車旁的貨卡，竟興奮地指著它說：「我想坐這個！」

他的提議很快就獲得哥哥與妹妹的支持，大人兩票對抗孩子們的三票，完全沒有贏的機會。最後先生只好含淚放棄他的賓士車，改租了那臺貨卡，三個孩子坐在貨卡後面，一路上不亦樂乎，興奮得不得了。

陪伴孩子四處旅遊的過程中，我自己也學習到許多，對孩子而言，你以為給他最好的，其實不見得就是他喜歡的。

有人問我，親子旅行的意義在哪裏？我也曾捫心自問，但沒有任何苦惱，心中即有答案。

我要的，不是小孩記得他們曾經去過多少地方，而是相處的過程中，能讓他們感受到父母對他們的愛，而這些愛一點一滴累積，最後深深烙印在他們心底。成年後他們再回想，對父母的記憶，依舊是暖的。

蔡仁好中醫師解析：情緒

看診的時候，時常發現許多病患雖然生活飲食都控制得不錯，但因為工作忙碌、工時長，又沒有時間運動，因此肝氣總是呈現緊繃狀態。長期處於壓力之下或是很少運動，容易讓氣卡在身體裏面，形成氣鬱。

當氣鬱化為肝火，頭痛、嘴破等症狀就隨之而來，時間一久，甚至還會影響腸胃、腎、心臟，造成五臟六腑都有上火的情形。

適時放鬆對我們非常重要，如果能在氣鬱化成火之前就讓它放鬆，就不會有後續嚴重的症狀產生。

因此，生活調節才是長久之計。建議大家，無論再忙碌，也要將運動以及休閒穿插在生活中，偶爾出去踏踏青，放鬆身心，更是一舉兩得之計！

便當回想曲

千禧年後的第一年，臺灣便利超商龍頭推出了一款銅板價的便當，不到四十元的超低價格以及豐盛的配菜立刻引起廣大的迴響。當時我的準公公，也慕名前去買了一個便當回來嘗鮮。

一輩子吃慣了婆婆的好手藝，商場應酬上也不乏美食相伴，區區一個便利商店的便宜便當，卻讓我的準公公驚豔不已，不可思議地直呼：「這也太好吃了吧！」之後好一陣子，只要沒有應酬與飯局，他幾乎天天都想買超商便當回來當正餐。

他的可愛舉動，讓我不禁想起，自己這麼多年來，對便當的記憶，也是有笑有淚。

期待媽媽送便當

小學的時候，學校的孩子都住得離家裏不遠，一小段路的距離就能回到家。當時的小學不盛行帶便當，更沒有中央廚房煮的營養午餐，比較鄉下的學校，孩子大多都在午休時走回家吃媽媽做的飯菜，然後在下午第一堂課之前返回學校。

一天下午第一堂課的時候，班上一位同學的母親徘徊在走廊上，朝著教室內左右張望，像是漣漪般，我們也注意到她了，一個個回頭望著她，很快的，專注在黑板上寫字教課的老師也發現了她。當然，老師知道她是哪位同學的母親。放下手中的粉筆，隨意地將手上的粉筆灰撥去，老師停下上課的節奏，走到走廊上與同學的母親交談。

不久，那位母親給了老師一個小巧的鐵盒子，萬分抱歉與感激地向老師鞠了躬，踏著謹慎的步伐往校門口走去，離開了我們好奇的視線。

之後我們才知道，原來那個小鐵盒是個飯盒，裏頭裝著熱騰騰的飯菜，那位母親萬般不好意思的輕聲細語中，所傳達的內容是：「老師，實在不好意思，出門前，我兒子在跟我鬧彆扭，中午就耍脾氣不回來吃飯了。怕他餓得沒辦法撐過下午的學習，我裝了便當來，等等下課再麻煩老師交給他。」

下課時，那位跟母親鬧脾氣的男同學打開了老師交給他的便當，飯菜還是熱的，他臉上的一股倔氣也禁不住飯菜香漸漸地和緩下來，飢腸轆轆的生理機能早就讓他不自覺地拿起筷子，忘卻了與母親的不愉快，朝著飯盒大快朵頤了起來！

雖然我才剛從家裏吃飽回來上課，但是看到他便當裏的飯菜，因為盛裝的方式不同，簡單的家常飯菜看起來猶如天饌！於是我在心裏盤算著，該怎麼做才能吃到便當？

「只要不回家吃飯，媽媽就一定會送便當來。」小小的心靈，心眼很小，眼界思維更小，如今想來，當初的我真是天真得可愛。

隔天中午午休鈴一響，同學們魚貫而出，準備各自回家吃飯時，我還一臉天真爛漫地坐在座位上。

「你怎麼不回家吃飯？」好幾個同學好奇來問我。

我當時臉上的笑容好驕傲，「我不用回家吃飯，因為我媽媽等一下就會送便當來給我。」

結果等呀等，十分鐘過去了，教室已經一片鴉雀無聲，但是我沒有看見媽媽；二十分鐘過去了，正午豔陽的校園裏只剩下枝頭小鳥頹著嗓有一搭沒一搭地嗚叫著，但我還是沒有聽到媽媽的腳步聲；到了第三十分鐘，我已經餓得頭昏眼花，全世界只能聽見我飢腸轆轆的腸胃傳來尖叫，「我受不了了！我要回家吃飯！」

當我邁開小短腿跑回家吃飯時，不明所以的母親還好整以暇地問我：「今天怎麼那麼晚回來？」

我氣得不得了，扒著飯的臉脹得鼓鼓的，都分不清是飯菜塞滿了腮幫子，還是因為母親辜負我的期待而氣鼓臉頰？眼前的每一顆飯粒和每一片葉菜，似乎都在嘲笑我的愚蠢，從此之後，我就不再期待媽媽為我送便當到學校了。

而我的天真童年，也幾乎是在那個時候告一段落。

便當裏的笑與淚

小時候我對便當有著無比的熱情與幻想，但是進了演藝圈之後，這股熱情很快就隨著三餐錄影、拍攝的便當頓然消退。一年三百六十五天裏，我幾乎要吃上四百個便當，看到便當比看到突然被修改的腳本還要害怕。

但也因為一個便當，我看見了一個男人對我的真心。

我與先生交往的時候，他早已經接下了家族事業，工作忙得不得了，身上的擔子非常沈重。一心求好的壓力，逼得他不得不將所有的心神投注在事業上。

知道我在跟他交往的朋友，總以為跟這樣的一位企業二代交往，我會是孤單的，其實不然，他幾乎天天和我膩在一起，而我們能夠在一起的時間，就是吃飯的時間。

他知道我不交際應酬、不參加飯局，沒有工作的時候常常是自己吃飯，偶爾懶得出門，便有一頓沒一頓了。

交往的六年中，我們的對話常常是這樣子的——

「你吃飯了沒呀？」電話中他問。

清晨還賴在床上的我回答：「還沒，我一個人餓死算了。」

「那我去接你出來吃早餐。」說著，他已經拿起車鑰匙，準備要從臺北市區開車到我三重的住屋處接我了。

吃完早餐之後，他先送我回家，再繞去公司上班。不過幾個小時之後，他又打電話來，問著與早上同樣的一句話：「你吃飯了沒呀？」

而我像是要與他演出相聲般，也回應了同一句話：「還沒，我一個人餓死算了。」

「那我去接你出來吃午餐。」

吃完午餐之後，他先送我回家，再繞回公司上班。

這些交往日常，讓我感受到他對我的體貼與疼惜，即使他再忙，也不忘抽空陪我，哪怕是一頓飯的時間也好。這是他的真心，對我而言，比任何禮物都來得珍貴。

相較於我，忙起來的時候，倒是常常忘了他。

跟他交往的那幾年中，有一陣子正是我在演藝圈最活躍的時候，手上有三個綜藝節目的主持以及一部八點檔的戲在趕拍，忙到我幾乎沒有時間睡覺，常常中午十二點進棚化妝，錄影到晚上八、九點後，又趕著進到攝影棚拍戲，一拍就拍到天亮。當時我幾乎不回家，就住在女子三溫暖裏，洗澡、按摩、敷臉、看報，到了中午十二點再走入攝影棚。

他打電話來的時候，我不是在工作沒接到電話，就是已經睡著了，用有氣無力的語氣告訴他：「我們明天再聊好不好，我好想睡覺……」

他常說我跟他以前交往的對象很不同，以前他的交往對象時常黏著他，要他陪吃飯、陪逛街、陪約會，像極了無所事事、成天等著王子去拯救的公主。而我這麼不黏的女朋友，倒是令他又意外又怪奇，常常換他來抱怨我，說：「你都不陪我……」

即使如此，他仍然非常支持我的工作，並且想方設法找尋能夠對我好的機會。

有天，終於在我清醒的時候通上電話了，電話中，他喜孜孜地告訴我：「我好久沒有看到你了，好想你，等一下晚飯時間，製作單位會放飯吧？把那個時間留給我，我帶一個非常好吃的東西去犒賞你，撫慰一下你最近疲憊的心靈。」

當時我正和康康一同主持中視的《大家來說笑》，中視的餐點可以說是三臺裏最好吃的，尤其冬天還有特別的燉品可以喝。但那天晚上的放飯時間，我很驕傲地揮別康康，跟他說：「我今天不跟你吃飯了，你自己去吃吧！因為我男朋友要帶超級好吃的東西來給我吃。」

顧不得康康在我後頭齜牙裂嘴的搞笑反應，我三步併兩步地往中視大門走，耳邊夾著手機，另一頭男朋友告訴我：「你快來，我已經到中視門口了。」

一踏出中視門口，寒冷的氣溫逼得我拉攏外套，盡可能縮在溫暖的大衣裏，並加快腳步踏上那一臺熟悉的車。心情一點也沒有被寒風吹冷，反而暖暖的、甜甜的，興奮與期待的沸騰，那風再寒再刺也刺不進骨子裏。

男友提了一只袋子交給我，眼神晶亮地催促我趕快打開他給我的驚喜，而我也迫不及待地開啟我的潘朵拉盒子。結果一入眼，我的心情瞬間掉落谷底，裏頭放著的，竟然是「ＸＸ便當」！是那間連鎖的、處處都看得見、我在工作時最常吃的便當。

這時男友還沒有察覺我的震驚與失落，在我耳畔激昂興奮地說：「我前一陣子吃到這個便當，真的是驚為天人！你知道嗎？這個便當真的是好好吃喔！我都不知道原來便當那麼美味。」

接下來他說什麼我已經不記得了，只記得當時自己抱著頭，看著飯盒裏熟悉得不能再熟悉的飯菜，眼淚都快掉下來了，心裏對自己怒吼著：「我竟然為了這個便當放棄了美味好吃的中式餐廳！」

看著身邊這個男人還在滔滔不絕地述說著便當有多好吃，我又好氣又好笑，但同時也覺得好溫暖、好安慰。這個男人就是因為愛我，才會迫不及待想跟我分享他的驚豔與驚喜；即使只是一個吃便當的時間，他也願意開一、兩個小時的車，專程來與我分享。無論便當的價格如何，是否是我期待的美食，這就是愛，正是小時候一直渴望得到的，那分單純的愛。

多年後，第一次到花蓮慈濟的靜思精舍參觀，回程時師父們擔心我們會肚子餓，熱心熱情地準備了精舍的素食便當，讓我們帶上火車回臺北。吃在口裏，驚訝於每一道料理都是這樣有滋有味，推翻一般人對於素食便當的刻板印象。我深深明白，用心的料理可以透過食物傳達出最深的祝福，吃到這樣的便當，差點掉下淚來，內心默默想著，也許老天爺一直用另外一種方式來彌補我內心的傷痕。

鐵路便當

談起鐵路便當的起源，不得不從日本的鐵路便當說起。現在琳瑯滿目、口味豐盛、盛裝美麗的日本便當，其實最早的時候，只是用竹葉包著的兩顆飯糰，上面灑一些芝麻，頂多再配上幾片蘿蔔與酸梅。

臺灣鐵路便當承襲自日本，一路走來，便當的內容大同小異，不過便當盒倒是做了不少次的更改。

一開始是使用木片餐盒，過了十幾年之後才變成鋁製餐盒，雖然外型變得更為精緻，重複使用也相對環保。不過後來研究者發現，鋁製餐盒會釋放致命的毒素，因此改用不鏽鋼餐盒。

但是不鏽鋼餐盒出現的時間並不長，一來是許多乘客吃完之後，看中了臺鐵便當不僅大小適中，造型又好看，因此隨手將餐盒帶走，造成成本過高。除此之外，也曾發生餐盒清洗不乾淨、造成旅客怨聲載道，因此不鏽鋼餐盒又悄悄下臺一鞠躬了。

而後臺鐵改成保麗龍餐盒，又因為環保意識抬頭，最後又回到木片餐盒以及紙餐盒的懷抱，也就是我們現在所看到的鐵路便當了。

婚後第一盤荷包蛋

我常常跟朋友說，三十歲以前的人生好苦。我沒有一個溫暖的家庭，父親就不多說了，而母親雖然已經盡力用她的方式在對我好，但我與她總是對不上話、交不上心，我們關愛彼此，卻常常說沒兩句話就吵架。

而我的工作也在近三十歲的時候，狠狠地將我拉入黑暗之中。還記得初入行的時候，前輩告訴我：「沒有三十歲，你飾演不了女主角的，要擔綱女主角，需要有些社會歷練才演得出韻味來。」

我投資自己，勤修懇練，許多角色，無論是配角、客串，只要劇本不錯，時間也能搭配，我幾乎來者不拒，即使其中一些酬勞並不高，我也無所謂。誰能想到，當我終於熬到快三十歲時，戲劇圈的生態早已丕變，當時偶像劇崛起，劇組重用的女主角都是年輕可愛的小女生，而我這個年紀的女藝人，只能夠演她們的媽媽。

或許就是看到我太苦了，苦得連上天都不忍，於是祂讓我遇見了我先生。愛情長跑六年，我們步入禮堂，我實現了小時候決定要在三十五歲結婚的願望，自此，我的世界開始不同。

人生每個階段都有不同的責任，選擇進入婚姻，我就想把我的拚勁帶進婚姻裏。與先生相遇之後，我才終於懂得如何享受人生。

公婆的體恤與呵護

我和男友原本是不打算結婚的，因為在乎他父母的感受。

他們是殷實的商人，而我是個演藝人員，難免會擔心若是成為一家人，他們的私生活就得被迫攤在報章雜誌與新聞媒體上。若好就好，若是被寫差了、誤會了，家族事業難免受到波及，心情也會受影響。

還記得在交往之初，媒體一直有風聲說我另有其他男友，甚至還說我和一位已婚的男士帶著小孩逛電影院以及動物園，繪聲繪影好不生動。面對如此莫須有的罪名，我百口莫辯，啞巴吃黃連，只能無奈地告訴媒體：「我真的沒有，不然你們來跟著我好了。」豈知對方竟然大言不慚地回答我：「我們早就跟著你很久了，跟蹤你的記者說，你天性謹慎。」

我明白，自己身處的環境，對於另一半與他的家庭，將會造成非常大的壓力，也可能會替他們帶來無謂的困擾。當時我和男友一致同意，我們可以不結婚，兩個人在一起，其實一紙結婚證書、一分法律認肯都不是那麼重要，攜手相伴取決於彼此的真心對待。

當我們交往六年後，有一天與他的爸媽在飯後閒聊之際，兩位老人家突然開口問：「你們兩個人考慮結婚嗎？」

這個突如其來的問句，讓我愣得失去機靈的反應，反而是男友見機不可失，很快就回答：「當然有！」

我看著他，心裏還在想：「哪裏有？不是說好就這樣一輩子嗎？」

他的母親於是說：「我們是想，有一區的房子還不錯，如果你們有結婚的打算，我們就一起買在那兒，住樓上樓下，相互有個照應。只是不知道你們願不願意和我們住在一塊兒？」

這句話讓我醒過來了，我很快就接口說：「陳爸爸、陳媽媽，我很喜歡跟你們住在一起！」這句話雖然聽起來有點巴結，其實完全是我的真心話。

這麼多年來，雖然礙於我的演藝身分讓兩老有所顧慮，但他們仍然相當疼愛我，我們時常見面，一同吃飯、聊天，與他們相處，我才終於感受到何謂家庭的溫暖。見他們一家和樂地談天說地、關愛彼此，雖然這麼說很抱歉，但是當時我常常想：「如果他們是我的父母就好了。」如今終於美夢成真，我怎會不樂意？

還記得訂婚那一天，媒體問公公：「你覺得郁方是一個怎麼樣的媳婦？」一向甚少在媒體前公開談話的公公，想也不想，直稱讚地說：「郁方很上進，我們都很喜歡她，她一定是很好的媳婦。」

文定會場選在西式教堂，但是流程完全遵照古禮，當文定流程走到要互戴戒指的時候，婆婆還特別叮嚀忘記曲彎中指的我說：「別被套牢了。」我趕緊將中指曲起來，婚戒就這麼套到一半，意味著不被套牢、吃死；但反觀我在替先生套戒指時，兩位老人家不僅不提醒，還呵呵地笑著，看著我將先生的中指拉直、直直地將戒指一套到底。聽到他們兒子戲劇性的吶喊：「我被套牢了！」還笑得比誰都津津有味呢！

奉茶時，公婆對我說：「恭喜你成為陳家的一分子。」新嫁娘不便多言，但我心裏已經回了話，對他們說：「謝謝您們讓我成為家中的一分子。」

新嫁娘下廚煎蛋

結婚的隔天，我起了個大早，心想，身為一個媳婦絕不能貪睡，而且還得為一家子張羅早餐。這是我身為人妻、人媳的第一天，一定得好好表現才行。

或許是因為自己給了自己一分責任，反而讓我慌了手腳。明明主持過美食節目，明明小時候也是母親在廚房的小助手，自己在外奮鬥獨居的時候，偶爾也會下廚做些簡單的飯菜，偏偏在這個最關鍵的時候，我卻腦袋一片空白。

我到底該做些什麼呢？

婆婆的廚房有一位幫忙煮飯的阿姨，早餐一向由阿姨協助婆婆張羅。那天阿姨也早早已經就定位，不慌不忙地穿梭在廚房裏，做著她早已擬定的菜色。

「一道菜也好，我要展現自己的誠意。」我邊告訴自己，邊下意識地拿起平底鍋，從冰箱取出幾個新鮮雞蛋。

平底鍋熱了，我下了油，油熱了，我再磕破蛋殼，最後煎了幾個荷包蛋，上了桌。

看著那一盤荷包蛋，我輕嘆口氣，怪自己的慌亂，雖然如願上了一道菜，公婆與先生靠向餐桌時，我心裏還是怪不好意思的。沒想到就在我快被這個情緒羞得紅起臉頰時，婆婆知道是我煎了那盤荷包蛋，馬上發出開懷的讚歎，說：「我們這個媳婦娶得好、娶得對，我真是太開心了、太開心了！」

於是才剛坐下的她又起了身，取了一個紅包，再走回來拉著我的手，把這包沈甸甸的紅包以及她手中的溫暖遞交到我手上，對我說：「真是太謝謝你了！」回到家打開那個紅包，裏頭足足放了二十張千元大鈔。不過幾個荷包蛋，就得到兩萬元的紅包。

但我知道，這並非是事業家的揮霍，而是婆婆疼惜媳婦的心，也是婆婆看見了媳婦的真心。

把婆婆當作媽媽

婚後，公婆的朋友禁不住好奇，總在碰面閒談時，試圖探聽我的為人。公婆是聰明人，自然也知道朋友們絕對會對這個演藝圈的女明星有所好奇，一如公公在文定典禮上對媒體說的肯定字句，婆婆也常常不等朋友問，自己就先告訴他們：「我們家媳婦真是好，我兒子娶對人了。」

婚後第一天，我陪著婆婆一起上菜市場，她熟門熟路地走在市場各個攤販間，忙著挑菜，也忙著向攤販介紹我，話語中有著驕傲、託付以及把我視為女兒般的寵溺。這些，店家們都感受到了，往後我獨自上門採購，也很快就受到了照顧。

那一天，婆婆除了把我介紹給她熟悉的攤販，也一家一家告訴我，家裏的菜、雜貨，該向誰買，為什麼要向他買，詳實地分析與介紹。我仔仔細細地，將她的話裝進腦袋裏。

若說她把我當成媳婦，不如說她已經將我視為女兒，因為這個家她操持了大半輩子，用一生的時光細心呵護，如今卻願意無私與我分享。這是我的運氣，也是我的福氣。

大家習慣全家人一起吃早餐，因為工作的關係，大夥兒平時忙碌，因此特別珍惜在餐桌上共享天倫的短暫時光，因為唯有吃飯時間，大家才能暫時放下工作，好好地分享連日來的心情與見聞。每天早餐和晚餐，除非有人出國、旅遊、出差，否則我們必然齊聚在公婆家一同用餐。

十三年前，母親從人間取得畢業證書。母親去世之後，我時常以淚洗面，即使我對她又愛又恨，心中有數不盡的怨懟，但是她的離去，仍然掏去了我內心的一片土地，當時我常常想，隨著母親的離去，我的心已經不再完整了。

接連好幾天，我都傷心欲絕沒能與大家共進晚餐。一天、兩天……熬不到三天，婆婆就問我先生：「Maggie 怎麼了？怎麼沒來一起用餐？」

先生告訴她：「她母親過世，她非常傷心。」

婆婆沒說什麼，用完早餐，知道我起床之後，便把我叫了去。她沒有長篇大論、沒有積極安慰，只告訴了我一句：「以後，就把我當成你的媽媽吧！」

幾天以來沒停過的眼淚、沒有終止過的情緒，一瞬之間又崩潰了。可是當我靠在婆婆身上哭著的時候，我知道，這道傷口終會癒合，這分懷念終會甜美，因為我還不是一個沒有母親的孩子。老天爺真的對我極好，或許世間的人太多了，祂太晚才發現到我，卻在發現之後，極盡可能地補償我，並在最適切的時間點，給了我一個美滿的家，完整了我最想要的親情。

林世航營養師解析：荷包蛋

雞蛋的營養成分主要是蛋白質，而蛋黃甚至還有豐富的維生素A以及葉黃素，是生活中很不錯的食材之一。蛋類含有脂溶性營養素，這些脂溶性營養素需要有點油脂才會吸收得好，因此，適量加點油下去煎蛋，對其脂溶性營養素的吸收很有幫助！

當然，蛋黃裏面也含有油脂，所以白煮蛋對脂溶性營養素的吸收不會比較差，端看個人喜愛的口味以及口感來烹煮。

提起雞蛋，大家對蛋黃總是存在膽固醇過高的疑慮，其實蛋黃中的膽固醇對一般正常人而言不會是太大的問題，一天一到兩顆蛋都是可以接受的。

學習待人處事

雖然我的出生背景和經歷與夫家天差地遠，人家說：「有錢人家的飯碗難端。」但是夫家卻從未給過我這分壓力，我和先生及公婆相處融洽，雖然偶爾會鬧出些笑話，並沒有不合或紛亂產生。

光是水果，就是一篇故事了。

頭一回切西瓜給大家吃，從廚房出來時，我一手捧著切塊的西瓜，另一手則端著一個裝著鹽巴的小碟子。當時全家人都看呆了，先生率先開口劃破空氣中的寧靜，直問我：「那碟鹽巴是用來做什麼的？」

聽到他的問話，我比他更吃驚，回答：「沾西瓜吃呀！」這不是很理所當然的事情嗎？怎麼還需要問？

哪知道，除了先生，公婆也露出匪夷所思的神情，問我：「為什麼西瓜要沾鹽巴吃？這是哪個地方的吃法，我們北部人怎麼不知道？」

我想都不想就說：「是嗎？可是我們家也是北部人，從小就這麼吃，這樣西瓜才會顯得更甜。」

這道理淺顯易懂，但一說完，連我自己都笑了。

小時候家裏經濟不好，吃的水果也不是那麼像樣，西瓜總挑揀些便宜的、不甜的，才形成吃西瓜沾鹽巴的習慣。現在的西瓜那麼甜，哪裏還需要沾鹽巴呢？而先生家是經商的，想必沒有吃過不甜的西瓜吧！

雖然因為出身不同偶爾鬧出了些笑話，但在跟先生交往、結婚之後，他一直在領著我成長，好多事情我從頭學習，說他是我的人生導師，一點也不為過。

不可忽略的禮數

小時候，母親為我取了一個甜膩膩的綽號，叫果子狸，果子狸是白鼻心的別稱。由於白鼻心喜歡吃水果，因此除了果子狸，人們也叫牠水果狸，這種臺灣特有的動物最喜歡吃甜分極高、汁液多的水果，還常常將果實藏在嘴巴裏面呢！

我從小就愛吃水果，然而水果要價昂貴，礙於經濟又想滿足我的媽媽，常常乘著市場即將收攤時到水果攤去採購，那時攤販賣剩的水果，大多都是人家挑揀後不要的，有的被撞破了皮，有的爛了一小角，攤商就會開始「跳樓大拍賣」，用極低的價格將這些水果銷售出去，多少回收點本錢。

媽媽買回這些水果，把邊邊角角撞壞的部分切除，滿足我愛吃水果的欲望。

還記得當時蓮霧季節到來時，我最常吃的就是白蓮霧了，白中帶著青綠色彩的蓮霧，滋味沒有現在的紅蓮霧那般甜，但仍然多汁，甜得很內斂，就像母親對我的愛一樣。

反觀先生，他的愛很大方、很無私，總想給我最好的，除了愛我，也教會了我許多做人做事的態度與該有的禮數。

以前的我，真的不懂得怎麼做人。

記得剛進演藝圈時，我還是一個不被看見的小模特兒，工作收入時常是有一餐沒一餐的。當時有一個模特兒經紀公司的姊姊與我相當投緣，把我當妹妹般照顧，知道有一個不錯的廣告試鏡機會，甚至還自告奮勇要帶我去，即使我跟她根本沒有合約關係，她仍然對我抱持如此無私的熱情。

試鏡那天，我們約好在經紀公司樓下碰面，再一起搭計程車過去。那時我身上沒什麼錢，交通往返，若雙腿走得到，我就當散步，走不到的地方，我就坐最便宜的大眾運輸——公車。

當我們會合之後，姊姊隨手在路口招了一輛計程車，我坐在前座，她跟另一個姊姊坐在後座，那段路並不長，很快就到了。車停之後，我很自然地下了車，連開口問一下車錢是多少也沒有。

至今我已經忘記那個廣告試鏡有沒有甄選上，但我永遠都記得，自此之後，那位姊姊就與我疏離了。

當她不再理我的時候，我才從反省和反思中察覺，肯定是我的不禮貌讓她生氣了。那趟計程車錢我應當要出，不過就一百多塊錢的計程車費，我卻不聞不問，一點基本禮儀都沒有的我，難怪會被討厭了。

那時我才二十一歲，沒有人教我處世的態度，我的環境也沒有教會我做人的要訣。常常是在犯了錯、闖了禍之後，才知道自己有多麼愚蠢與不堪。

直到認識了先生之後，從他身上，我才慢慢學習如何待人接物，才知道即使是好朋友，當接受對方幫助的時候，請一頓飯、送個小禮道謝，都比認為理所當然來得貼心。也因為如此，我漸漸找回了一些朋友，匱乏的生活圈，也才終於有了一些志同道合的真心知己。

親人更應重禮貌

從先生跟公婆的互動當中，我也才開始學習，家人之間該如何相處才能融洽。

還記得初交往時，第一次聽到他跟他父親講電話的聲調與態度，我整個人都傻住了。一般孩子跟父母講電話大多都是不耐煩的口氣居多——「什麼啦！」「好啦！」「知道啦！」

但先生跟他父親講電話卻是——「爸，我知道，是！我知道這件事情，我會馬上處理。」如此有禮貌，有禮貌到令我瞠目結舌。我的世界裏，別說我自己，就連身邊也沒有一個朋友是這樣跟父母說話的。

我好奇地問他：「為什麼你跟家人要這樣講話？」

我的問話反而讓他疑惑了，「不是應該都要這樣子嗎？不然跟家人講話要是什麼語氣？」

這已經是他心裏根深蒂固的生活日常了。

雖然看似那麼嚴肅有距離，但是他們家人只要相聚在一塊兒，自然就會在禮貌之間找出生活樂趣的平衡，時時都在開玩笑，卻也保有一定的禮貌界線。每回用完晚餐或是離開公婆家時，我們一定互道晚安，一定會對公婆的招待說聲謝謝，也不忘給對方一個溫柔真切的擁抱再離去。

自然而然地，我跟婆婆講電話也是如此，不過「母女」之間除了禮貌之外，還多些甜膩與甜蜜。

有時候我會打電話問婆婆：「媽，請問您晚上會回家吃飯嗎？」另一頭，婆婆也用甜得能擠出蜜來的聲嗓，問我：「怎麼了嗎？你要煮大餐給我吃嗎？」

論甜，我怎麼能輸？「媽，您絕對不相信，我今天買了一樣東西，超好吃的！所以迫不及待地想和您分享。」

人家常說一個家庭容不下兩個女人，婆媳問題是千百年來最令人折磨的家庭戰爭，但是在我跟婆婆身上，卻完全嗅不出一絲問題。我們敬對方、愛對方，在敬與愛之間，找到一首和諧的家庭交響曲。

婆婆的智慧，稱讚媳婦必在大家面前，若是現場有其他媳婦同輩，也是不吝讚美。我覺得婆婆最大的智慧就是懂得「換位思考」，因為在朋友面前稱讚對方的媳婦，朋友們回家後必會和兒媳們分享這件事，等到下次晚輩們聚會時，大家就會說：「我媽媽說你們家人相處很融洽，值得大家學習。」

無論是誰家的晚輩，聽到長輩貼心、讚美的話語，一定會更用心地和長輩相處，這樣一來，當然是「家和萬事興」。

愈親近的人愈要有禮數，這是我嫁入夫家之後最大的心得與收穫。我自己的原生家庭，在十幾年前，大家感情並不融洽，雖然我們都很愛對方，但總是以指責與挑剔來溝通對話，我們自以為這是在為對方好，但字字句句卻像是一把利刃，一刀刀劃開只屬於我們的親密連結，這分愛愛得愈濃，愈讓人想拔腿逃開。

我們兄弟姊妹都是長大之後，才開始學習珍愛家人的方式，雖然學得不晚，回過頭來看，卻也已經遲得有些可惜了。

乃哥教我人情世故

除了從先生以及他的家人身上，我學到課本上永遠都學不到的待人處事，在演藝圈裏，也有幾位敬重的前輩，是影響我一生的貴人。

徐乃麟「乃哥」即是其一。

多年前，有個朋友的父親去世了，我並不認識他的父親，是那種連一句話都沒能說上的緣分，但是他的告別式我仍然去了，因為我知道這個朋友家族的人不多，沒有多少人能給他安慰，遑論是喪禮的協助。因此我不僅去上了香，還一直陪在他身邊，多少看顧幫一點小忙，直到朋友的身分不方便再陪伴的儀式之後，我才離開。

這是乃哥教會我的人情世故。

說起乃哥，以「真性情」形容他可是恰如其分。還記得母親過世的時候，我並沒有通知很多人，除了幾個朋友知道之外，對外我幾乎都不提。不知道是誰將這個消息帶到乃哥的耳邊，他一知道，便打了電話給我，劈頭就說：「你怎麼沒告訴我？」

幾句安慰悼念的話之後，我也忘了有沒有告訴乃哥告別式的時間與地點。掛上電話，我繼續忙著告別母親的一切，忙著沈浸在自己的悲傷當中，在我來不及準備好送走母親，告別式的日子卻比想像中還來得快。

那天，我的家人都在身邊，得到通知的朋友們也都來上香，這時一抹意外的身影出現了，是乃哥。他一身樸素，一臉肅穆，向母親上了香，說了些話，就默默地離開現場。

他來得如此安靜，離開得如此從容，可是我卻永遠記下他特地來參加母親告別式的誠意與恩情。

我從他身上學習到，無論身心靈，人在最需要扶持的時候，當有一個人默默在旁邊陪伴著，那就是最大的安慰。

對不起只能用在第一次

感恩生命中有許多貴人在教導我們，也讓我意識到許多人情世故是從小就要學習的。

我告訴孩子們，如果麻煩到別人，小的事情就寫張卡片謝謝對方，大的事情必須要送個禮、登門拜訪道謝。除了保持人與人之間的良好關係，我也告訴他們，「對不起」三個字的珍貴與重要性。

記得大兒子在小學四年級時與高年級的兩個學生發生了衝突。事情的起因是那兩位學長在搬東西，行經的路線上，兒子正巧站在那裏，學長看到他就很不客氣地說：「閃開啦！」

從沒被人這麼不禮貌對待過的他受不了這股氣，因此怒火一升，雙拳就揮出去了，與兩個學長打起架來。他身材魁梧，即使小對方兩歲，又是一個對兩個，最後還是靠著體型優勢與拳頭力氣打贏了。

雖然這件事情兒子確實吃了虧，但是打架就是不對，我告訴他：「除了用拳頭讓對方閉嘴之外，還有更好的方式。」不對的事情就必須道歉，我讓他寫張卡片、挑個小禮，帶著他慎重地登門道歉。

回家後，我告訴他：「對不起只能用在第一次，而且限於不小心，且事不過三，因為對不起這三個字非常珍貴，如果每一次都做錯同樣的事，然後再說對不起想弭平一切，那種對不起就太廉價了。」

兒子年紀還小，或許對這番話似懂非懂，但是沒關係，還有時間，我會帶著他們，好好地「待人處事」。

臺灣人獨特的吃水果方式

身處在有「水果王國」之稱的臺灣，我們是幸福的。

到菜市場買水果時，水果行老闆習慣以芭樂搭配梅子粉、草莓搭配糖粉，「成套」售出。但這些都不稀奇，若是鳳梨太酸、西瓜不甜，試試看沾鹽巴吃，就能提升水果的甜度；另外若是擔心吃香蕉會產生脹氣，也不妨試試看沾點鹽巴，據說這樣就能減緩脹氣的困擾。

其中，最特別的當屬南部人吃牛番茄的方式了。將牛番茄切塊，佐以混合醬油、糖以及薑末的調味料，那滋味乍想之下有些難解，但入口卻有著令人驚豔的一番風味。

維持婚姻熱度

那天幫女兒穿上一襲小白紗，替她綁了可愛的髮型，不過才五歲年紀的她，第一次當小花童，模樣真是可愛極了！不禁勾著我的回憶，想起第一次當花童的場景，當時我也是五歲。

記得五歲那一年，媽媽的姊妹淘南蘋阿姨結婚，我被阿姨「商借」去當她的婚禮小花童，穿著小白紗、白褲襪，那天的我很可愛，活像個小公主。但是在我眼裏，現場還有個比我更耀眼的女人，那就是南蘋阿姨，當天的新娘。

南蘋阿姨穿著一身拖地的白紗，挽起一頭造型過的長髮，臉上的妝容雖然看得出脂粉，卻蓋不住她紅紅臉蛋透露出的嬌羞容顏。鞭炮聲此起彼落，賓客盈門，我既興奮又欣羨地看著她，這個畫面是兒時留存難得的美好畫面。

三十年後，三十五歲的我，也如當年南蘋阿姨一樣，穿起白紗，紅著臉頰、滿心歡喜地嫁給了心所愛的「伊人」。

相愛亦相敬如賓

在未來公婆主動提起婚事之後，我們開始緊鑼密鼓地籌備婚事。雖然已經是講好的事情了，但是先生仍不忘求婚。求婚的甜蜜之後，緊接而來的是訂婚的籌備、如何呈現溫馨又賓主盡歡的派對式婚禮，每個環節都十分細膩繁瑣，很多新人常常在這個時候意見相左，吵得不可開交！

但我完全不用擔心這方面的問題，因為公公、婆婆和先生都是非常講究生活美學的人，他們三人聯手締造了我夢想中的完美婚禮。

我們那磅數夠重、設計優雅的喜帖上，除了印有婚宴的日期與地點之外，我還特別放上了先生的求婚詞。還記得那是二〇〇六年春花三月的某一天，當時他對我說：「我們已經在一起六年了，如果不是太不習慣的話，未來的六十年，也一起交給我吧！」

即使結婚那麼多年了，這番話再想起來，心裏還是暖暖的，仍然不減當時初聽到時的感動，反而隨著日子一天天過去，生活與情感的累積，再想起這番話，又更添欣慰。

很多人對我和先生的相處都很好奇，常常跟先生講完電話，一旁的朋友明知道電話那頭是我先生，仍會帶著狐疑的眼神問我：「你剛剛是在跟誰講話？」「是，親愛的，有什麼事嗎？有什麼我可以替你服務的嗎？」我跟他講電話總是這樣子的，就與他跟父母講電話一樣，客氣又尊重。

從他們家人的身上，我學會要對家人尊重，別因為太過親近而熟不拘禮，因為那說出口的話就不會好聽，甚至還有可能帶給對方壓力。

先生對我講話從來不會是這個樣子，很難想像他這樣一個男人，對我講起話來，總是帶著娃娃音。我們談戀愛的時候，一天要講上十幾通電話，隨時在分享遇到的人事物，他總是用著寵溺的娃娃音對著我說話，非常可愛。

一直到現在，他仍如交往時期，時常在工作之餘打電話給我，也像當時那樣，怕我餓著了，打電話來說要帶我出外覓食，「你在做什麼？我就想說，我肚子有點餓，你有沒有空陪我去吃點東西？」

還記得有一次我打電話給他，話筒那方的他，聲音不若平時可愛，「你好，有什麼事情，你說。」他說這些話時，不僅壓低音量，聲線還帶些嚴肅。這樣的他，我不習慣，不禁嘟囔著對他說：「你幹嘛這麼嚴肅？」

「因為我正在開會。」他試圖解釋，語調仍是嚴肅的。

於是我就耍耍小脾氣，對他說：「幹嘛這樣？哼，我不開心。」

他這才放軟聲線，摀著話筒用更小的聲音對我說：「我可是總經理耶！我怎麼能在會議上、當著所有員工的面用娃娃音跟你講電話？」

聽著他極力解釋，我噗哧地笑出聲來。我當然知道，只是想鬧鬧他罷了！夫妻間這點生活情趣，我倒是覺得幽默詼諧。

另一方面，我也很感謝他面對我的時候，願意露出這麼天真可愛又幼稚的一面，因為這代表著，他是以最放鬆的一面在與我相處。

很多人在結婚之後，反而不願跟枕邊人說心裏話，寧願跟朋友講，也要對身邊那個最親密的人保持緘默，甚至還覺得身邊那個人給自己很多壓力。這樣的夫妻相處，難能持久。

另一半永遠都是第一

身邊許多朋友，當初婚禮辦得盛大又氣派，新婚時甜甜蜜蜜，但是甜蜜的心情與笑容卻在婚後逐漸消退，最終在小孩出生後，宣告婚姻走向失敗。

看過太多不如意的婚姻、聽過太多對另一半的抱怨，我發現他們婚姻失敗的主因，大部分都是因為生了小孩後，就把重心完全放在小孩身上，眼裏再也沒有另一半了。

我認為不該如此。

先生常常告訴我：「我覺得你是我最要好的朋友。」我很安慰地回答他：「對我而言，你也是我最要好的朋友。」

我們之所以會組成家庭，是因為我們很愛對方，我們之所以決定要生小孩，也是因為我們很愛對方，即使生了小孩之後，孩子需要我們全心全意的照顧，但是對我而言，孩子是婚姻的附屬品，不該被我放在第一位。我心中的第一位，仍然是我的另一半，他才是我最需要照顧與相伴的人。

很多人在離婚的時候，語氣怨恨地告訴對方：「因為愛你，你知道我犧牲很多嗎？我照顧你的父母、照顧小孩，我忙到都沒有自己的時間，就是因為我愛你。」可是，就因為你把所有的時間都放在別人身上，所以對方感受不到愛了，反而覺得自己只剩下提款機的功能而已。

當朋友問我：「為什麼你跟先生結婚那麼多年，感情還是那麼好？」

我都會告訴他們：「我的另外一半，是我情感依靠與交流的對象，而孩子，只是情人的附加產品，先生不該是家人，而是情人。對我而言，小孩才是家人，他們是不能取代情人的。」

他們又問：「可是小孩子真的需要我們的照顧，我們怎麼可能不把所有心思放在他們身上？」

「他們需要我們的日子能有多久呢？」我笑著說：「孩子剛出生的時候，確實很需要大人全心全意照顧，可是他們上學之後，父母在他心中的比重就不再是全世界。隨著成長，他們需要我們的比重會愈來愈少，當他們出社會之後，遇見了人生的另一半，反觀我們自己，那時身邊還剩下誰？不就是我們當初選擇的另一半嗎？」

先生會是最後留在我身邊的人，我怎能因為孩子的出生，就理所當然地減少對他的愛呢？

深夜燉梨止咳

先生用他的方式愛我，而我也用我的方式在呵護著他。

我的扁桃腺容易腫大，特別是年輕的時候，只要風一吹，扁桃腺就會腫起來，一腫就是兩個星期，反反覆覆發作多年。直到後來遇到一位醫師，他告訴我：「你之所以會反覆發作，是因為病毒一直留在你的扁桃腺，吃藥只能暫時壓制而已。」於是他叫我忍著點，用鴨舌棒以及鉗子伸進喉嚨裏面，幫我把扁桃腺的膿擠出來。當時我痛得眼淚直流，但擠了兩次之後，這個多年的病根終於被斷絕了，十幾年來都未曾再發作。

但最近這兩、三年，我的扁桃腺似乎又腫起來了！每天早上起來，喉嚨總是又痛又癢，非常不舒服。再去看醫師才知道，因為歲末年終的尾牙、春酒與聚餐實在太多了，引發胃食道逆流，喉嚨才會有燒灼感。

聽了醫師的話，我減少了一些應酬，果真就好了許多。

但是先生身在職場，有許多的身不由己，前些時候罹患的流感才剛見好，又因為應酬太多引發胃食道逆流，接連好幾天晚上咳嗽不止。

那幾日我跟著他一起睡不好，他一咳，我就醒來，熬了幾日，我在半夜起身，決定試試看從社群網站上看到的一帖止咳良方。

深夜的廚房燈火被我點亮，找出鍋具與刨絲器，再從食材堆裏撈出前些時候山上朋友寄來的當季白蘿蔔，細細刨成絲之後，又從冰箱取出水梨，削皮切大塊與白蘿蔔絲放在一個有篩洞的鍋子裏。緊接著拿出壓力鍋，先倒入一些清水，再倒放一個鍋子，鍋子上面放一個碗，碗上面再擱上放有白蘿蔔絲與水梨的篩洞鍋子，蓋上壓力鍋蓋，打開爐火，約莫煮十來分鐘便可以熄火。

小心翼翼地打開壓力鍋蓋，中間的小碗裏頭早已滴滿了白蘿蔔燉梨的精華。我將這碗愛妻良方端到房裏，讓先生喝下，望君今夜得以好眠。

那一晚，這白蘿蔔燉梨水，果真一解先生多日來的夜咳。我想良方之所以為良方，一則是因為白蘿蔔燉梨有其療效，再者也摻著我濃濃的愛在裏頭，因此效果更是加倍！

蔡仁妤中醫師解析：白蘿蔔燉梨

梨子本身是偏涼潤的食物，燉過之後，涼性便會降低，留下潤肺的效果，因此若是燥咳困擾的人，很適合用這個方法止咳。所謂的「燥咳」亦即痰少，又或只有些許綿綿、黃黃的痰。

而梨子加上白蘿蔔功能又會更強些。若是容易有便祕、腸胃卡住的症狀，煮熟的白蘿蔔能幫助身體的氣鬱往下，解決腸胃腹脹以及解便不順，這樣一來就能解決體質較燥的問題，增強降火的效果。

但要注意的是，雖然冰糖燉梨以及白蘿蔔燉梨都是止咳良方，不過都適用於燥咳的患者，並不適合吹到風或是天氣變冷就會咳嗽的寒咳患者喔！

【第三部】

我會照顧你至成人，給你教育，但我不會把財產留給你，更不會供養你下半輩子。將來你必須帶著我曾經給你的養分，自己開疆闢土，開創自己的人生。

《陳家家訓第十條》

婆婆送的一套書

每年，我們都會幫婆婆慶祝兩次生日，一次是她出生的日子，一次是母親節。婚後，我常常為了要送婆婆禮物而傷腦筋，但是她非常體貼我們這些晚輩，她告訴我，對她而言，最好的禮物，就是小孩子們寫給她的卡片。因此我們每年三、四月的時候，就會一起去拍張全家福，五月再把全家福照以及祝福的卡片一起送給她。

婆婆的貼心話語絕非表面，而是真的把我們的心意當作是她最寶貴的收藏。她有一個保險箱，裏頭放的全是每年我們送給她的卡片，還有一些她認為很珍貴的東西，像是我先生的第一份薪水、我女兒第一次剪下來的頭髮……這些她全都妥妥當當，細心地鎖在保險櫃並珍藏在她的腦海裏。每一個看似不起眼的物品，她都能娓娓道出背後的故事。

輕輕的話卻有力量

結婚之後，婆婆送了一套書給我們三個媳婦，那是任祥女士所撰寫的《傳家》。任祥女士是京劇名伶顧正秋的女兒，同時也是名建築師姚仁喜的太太，跟我一樣，也是三個孩子的母親。

她為了不讓遠赴美國的子女忘卻中華優美文化，於是耗時七年寫下這套《傳家》，分為春、夏、秋、冬，共四本，總計二十七萬字，鉅細靡遺寫出各個時節的食衣住行、歲時節慶以及生活管理。書中也提倡家庭的價值，教導待人接物的禮儀與應用格言。

雲門舞集創辦人林懷民老師的推薦言如此寫著：「這套書，父母與教師應該人手一本。」我婆婆正也如林懷民所想，因此就送了媳婦們一人一套。這套書是她對我們的期許，同時她也以身作則，在生活中身體力行給我們看，像是在搓湯圓一樣，教我們如何把個性中的稜稜角角都搓了去。

我時常對婆婆說：「媽，你要不要出一本書？書名我都想好了，就叫做《如何成為一個受人歡迎的長輩》。」

她聽了只是笑笑，但我卻是相當地認真。

我也時常對她說：「媽，你真是我見過最有修養的人了！」自從與先生交往、結婚，將近二十年來，我從沒看過她破口大罵或對人惡言相向，倒也不是她不會生氣，只是她生起氣來依舊氣質滿載。我聽婆婆講過最重的一句話，是：「你怎麼這樣呢？你好好想一想。」

無論男女老少，聽到這句話，大抵都會安靜下來。這句話看似平和無害，卻帶有強烈的力量，比破口大罵都還要來得有威嚇的效力。

還記得當初大兒子上幼稚園的時候，當時他才四歲不到，有一天學校邀請我們去觀課，告一段落之後，父母們就得先離開。所有的孩子一見父母要離去，開始號啕大哭了起來，一個哭，只見像接力賽一樣，很快地全班的孩子都哭了起來。

當時老師以堅定的眼神請我們安心離開，接著他拿起一個小小的鈴，以極為溫柔輕巧的姿態敲了一聲，那一聲，在哭成一片的教室裏並不起眼，卻發揮了極其大的效果，隨著老師輕輕說了句：「來，大家坐好，我們要聽故事囉！」像是魔法一般，剛剛還在大哭的孩子，頓時收起了聲量，吸吸鼻涕、擦擦眼淚，將原本放在爸媽身上的視線轉移到老師身上，乖乖地挨過去老師身邊，安安靜靜地準備聽故事。

婆婆的身教跟這位老師的做法並無二致，教會我凡事並非以暴制暴，也不是說話比較大聲就會贏，反而是說話最小聲的、最先低頭彎腰的人，才是有真本事的人。

講究細節卻不給壓力

我公公的手足眾多，身為大嫂的婆婆肯定經歷過許多難熬的家庭事，然而對於同樣身為長媳的我，她只是輕輕地提醒我：「海納百川。」意味在家庭裏，無論發生什麼事情，我都要能容天下事。

即使如此給予期待，但是她並未給我壓力，反而處處替我設想。有一個阿姨曾經向她讚美我，婆婆聽了很是開心，也急著與我分享，但是在晚餐餐桌上她忍住了，直到我們用完餐，紛紛要下樓回各自的家時，她才隨著我到電梯口跟我講這件事情。

這就是婆婆的細膩與貼心，她考量到餐桌上還有其他妯娌在，單單讚美我，並不會讓每個人開心。

婆婆懂得顧慮到所有人的心情，對任何事情也很講究，但又不給我們太多的壓力，臉上總是笑笑的，親力親為，從身教中展現好榜樣。

談起她的講究與細心，不得不提起當年我舉辦婚宴前的試菜了。

當時宴客地點決定好之後，婆婆找了七、八位很懂吃的好姊妹跟我們一起去試菜，當時她們的嚴格與挑剔，讓婚禮顧問以及廚師站在一旁，默默地邊擦冷汗邊記下所有有待改進的缺失。試菜到了最後，婆婆提出了她最重視的一個要求，

「盤子一定要熱過，菜才能放上去，這樣風味就不會跑掉，賓客也才不會吃到冷菜。」

如此微小的細節，我想大概也只有婆婆才能留意得到了。這般在細微之處的用心與貼心，我在她身邊十幾年，也期待自己能學到一些。

知道婆婆愛唱歌，因此我特地為她打造了一支跟張惠妹一樣的白色麥克風，上頭還鑲滿了水鑽，讓婆婆跟朋友出去唱歌的時候，可以拿出自己專屬的麥克風，在朋友面前添些面子；知道公婆都喜歡聽江蕙的歌，我不僅早早就替他們訂了演唱會的門票，還多搶了幾張，幫他們朋友的份也一起買了。

婆婆手藝很好，年輕的時候開了臺北第一家火烤兩吃的火鍋店，就坐落在中山北路晶華飯店旁，生意好得不得了，自然手藝也是人人誇獎。我從小就開始學會煮飯，又主持不少美食節目，但是我也絕對不會搶了婆婆的風采。

偶爾她的朋友來作客，婆婆忙著招待朋友，就由我進廚房做一些小點，等做好端出來後，我必定會說：「媽，我剛好做好這道小點，但不知道味道好不好吃，請媽媽幫忙鑑賞一下口味。」這話，是給婆婆的尊重，同時也讓她在朋友面前有了面子。

很多人時常問我，要怎麼做一個讓公婆都喜愛的好媳婦？

其實不難，我從婆婆身上學到的就是——多觀察、用點心，細心觀察對方的需求。

最大的幸福是什麼？

我的公婆不會把自己的時間都跟孩子綁在一起，他們很會替自己的生活安排規畫，有時候甚至比我們還要忙。我常常心懷感恩地對他們說：「我許多朋友現在都在照顧他們生病或是中風的公婆，常常醫院跟家裏兩頭跑，忙得不可開交；所以，爸、媽，我要謝謝您們把自己照顧得這麼好，讓我們無後顧之憂。」

婆婆聽我這麼說，笑容燦爛，但臉上也閃過一絲「你這個傻孩子」的神情，她說：「身體健康比金山、銀山還要重要，而且這是我們能給小孩最大的祝福和禮物。」

公婆的朋友很多，論資產，他們絕對不是最有錢的一對；論孩子的成就，對比個個國外頂尖一流大學畢業的學歷，我先生也不是最高的，但能讓他們登上排行榜寶座的，就是幸福。

公婆共生育三個兒子，雖然出身名門，但是他們並沒有限制孩子的感情交往，每一個人都是自己選擇要共度一生的伴侶。結婚之後，公婆待我們三個妯娌猶如親生女兒，因此我們的婆媳關係相當和樂愉快，也因此他們即使從職場上退下安居於家庭，依舊不會感到孤單，因為子孫都樂於圍繞在他們身旁。這就是最大的幸福，不是嗎？

醜女皇后鍾離春

要說起母儀天下的代表，不得不提起戰國時期齊宣王的皇后鍾離春。鍾離春是著名的醜女，其貌不揚的她年至四十都還沒嫁人，據說連不吝讚美的人都無法昧著良心說她漂亮。

雖然如此，她一點也不在意別人的眼光。一介女子的她胸懷天下，眼見當時在位的齊宣王荒淫無度、不理朝政、縱容奸臣作亂，以致齊國愈來愈衰弱，她冒著被殺頭的危險，前去向齊宣王諫言。

她對齊宣王說：「現在的齊國非常危險，西有秦國伺機而動，南有楚國虎視眈眈，但您卻與築漸臺，日以繼夜地花天酒地，過著荒淫的生活，賢能的人都不願臣服於您，如今的齊國令人擔憂。」

齊宣王一聽，如夢初醒，也感佩一介女子能有宏觀的胸襟與勇氣，這股佩服逐漸轉為傾慕，最後甚至納鍾離春為皇后。之後在鍾離春的輔佐下，他不僅拆掉漸臺，罷除女樂，也清肅朝政，齊國逐漸強盛，人民也從窮困之中，開始邁向安居樂業。鍾離春因此在歷史上留名，成為母儀天下的代表人物之一。

緊握與放手

忙了一整天，估計孩子們放學後快到家了，果然才等沒多久，三個孩子就陸續回來了。

我們一見面，便依循著默契儀式，給彼此一個親親、一個抱抱。等他們卸下書包、洗好手之後，三個小孩黏在我身邊，個個急切地要告訴我學校發生的故事。他們跟誰玩了新遊戲、跟誰有了約定、聽誰說了些什麼……三個人輪流搶話講，熱鬧得沒有一分寧靜。

忘了是誰先開的口，語帶疑惑地問我：「媽媽，我同學說你是藝人，什麼是藝人？」

說來有趣，我的孩子到很大了，才知道我是個明星。在他們年紀還小的時候，雖然會疑惑我怎麼出現在電視上，但我只輕描淡寫地告訴他們：「我會在電視上並不是因為我是什麼特殊的人，而是因為我在電視臺上班呀！」

在他們小小的腦袋瓜中，不懂得明星跟藝人意味為何？周杰倫、劉德華他們也不認識，因為在他們的世界裏，卡通人物才是他們的偶像。

我從不特別告訴他們我是個藝人，我的藝名叫做郁方，甚至也不希望他們在學校告訴同學跟老師我的職業與身分。因為我不希望自己的身分讓他們受到差別待遇或特殊對待，尤其是老師的特別關照，會讓他們對挫折的容忍度變低，我不希望我的小孩將來成為一個媽寶或是啃老族。

我希望孩子們在一個平凡的環境中成長，他們深受家人的呵護，同時也會歷經人生挫折。在養育這條路上，握與放之間，一再地考驗著我的智慧。

在擁抱中感受被愛

廚房的爐上正閃著紅豔豔的火，調整旋鈕，我讓火候盡量保持小火至中火之間，細心地熬煮那一鍋正在等待米粒破裂的濃稠白粥。等米粒破裂得差不多、湯汁也收乾七八成的時候，我將黃金蟲草切碎，加入一起熬煮。

黃金蟲草是這幾年很流行的一味良方，據說與冬蟲夏草的藥效相仿，由於是用米做基底培養出的菌絲，因此拿來切細塊與白粥相煨不僅口感特別相搭，一早讓孩子們伴著粥喝下，也能替他們補充些體力與抵抗力。慈濟靜思書軒門市也有販售相關產品，其中還有直接做成錠狀，更方便食用。

但我還是喜歡拿來熬粥，每當天氣轉變的時候，我就會煮上一鍋黃金蟲草粥，不特別費時費工，但卻內含著我對他們飽滿的愛。

母親在我們五個兄弟姊妹長大成人也成家後，終於卸下她扛了一輩子的經濟負擔。以前她常常對我們說的一句話，就是：「為什麼你們什麼事情都要找我？」然而，在我們展翅離巢、她能夠稍稍喘一口氣的時候，卻沒有預期中的輕鬆與灑脫；隨著歲月一點一滴帶走她的強健體力與溫暖氣息後，她告訴我們，最期待的是我們能陪伴她左右。

即使最後那段時日，我們盡心盡力陪伴，她也終於能過上好日子了，可是離開時，她心中仍帶著滿腔的無奈與遺憾，無奈給孩子的愛不夠暖，遺憾陪伴孩子的時間不夠長。

從母親身上，我早早看見了這抹缺憾，我不想步上她的後塵，不希望自己活到七老八十的時候，回過頭來才發現，我跟孩子相處的時間不夠多、我對他們說愛的字句不夠豐滿、我教他們的事情竟然少得可憐。

於是在生活日常中，看似平凡地過生活，但點點滴滴，我一直在做不讓自己遺憾終生的事情。

小時候母親為了溫飽一家，什麼工作都做，早出晚歸。因此每當我放學回到家的時候，家裏總是空蕩蕩的。有了小孩之後，我告訴自己，我的孩子放學回來時，一定要能看見我坐在那裏等著他們。

結婚後，我的演藝工作沒有停擺，仍然占據許多時間，但是在小孩陸續出生後，我漸漸卸下大部分的節目與戲約。很多人惋惜地說：「你那麼愛演戲，竟然為了小孩，放棄演戲的夢想，多麼可惜呀！」

我總是笑笑地告訴他們：「以我現在的年齡，只能演媽媽，一、二十年之後，我的小孩長大了，我再回來演戲，也是演媽媽。那麼現在演跟以後演，有什麼差別呢？我根本不急著現在就去演戲。」

結了婚、有小孩，就是為了要享受家庭生活，不是嗎？

我們家有個習慣，在家裏的人只要看到家人回來，一定得主動上前給對方歡迎的擁抱。因此每當孩子放學回來之後，我一定給他們一個又大又緊實的擁抱。

我永遠記得，我的母親只抱過我一次，大概是小學四年級時，有一天正睡午覺，媽媽突然躺在我身邊抱了我。睡夢中我知道是媽媽抱著我，當時驚訝不已，以致於全身僵硬動彈不得。

因為不曾有過的舉動，這個被擁抱的畫面就留了下來。這麼久遠的事，現在回想起來卻感覺非常遺憾。這就是為什麼我每天都要擁抱孩子們的原因，孩子從小就是透過父母的擁抱，才能感受到父母對自己的愛。

記得剛生小孩時，朋友育兒圈有很多似是而非的理論，說是小孩不能常常抱，要不然以後無法獨立。我心中非常明白這個理論是錯的，所以在結婚後，雖然訝異公公、婆婆和他們的孩子時常擁抱，剛開始不太適應這個禮節，但後來逐漸感受到這個動作帶來人與人之間的信賴和愛。

偶爾我要應酬或上班的時候，進到家門，三個孩子也定會放下手邊的事情，跑過來用他們還沒什麼力氣的臂膀，擠足了最大的力氣，給我一個扎實的擁抱。

有一晚，我跟先生一起出外應酬，回到家已經半夜十一點多了，當時我們都想：「三個孩子大概都睡了吧？」

結果他們都沒睡，還在等我們回家，要給我們溫暖的抱抱。尤其是小兒子，一連過來抱了五、六次，他跟我說：「媽媽，你今天出去不在家，我真的好想你。」要睡之前又過來抱一次，才終於心滿意足地上床睡覺。

偶爾，他們等不及我回家，就會拿起話筒打電話給我，輪流追問著：「媽媽什麼時候要回來？」「你怎麼還不回來？」「你幾點要回家？」

只要他們放學看到我不在家，我的手機一定會響，而且還不只一次。他們已經習慣我在家裏等他們了。

現在，我每天都擁抱我的朋友、擁抱我的孩子，希望大家也能夠時常擁抱自己的朋友和孩子，直到生命的最後一天。

凡事都先想一想

除了愛孩子們，我也教他們。

有一次，他們急著去玩，但因為飯沒有吃完，我不准他們下餐桌。孩子又急又委屈，帶著任性的眼淚撲簌簌地往下掉，哭得聲音愈來愈響亮。但是我並沒有心軟，也沒有因為想要省麻煩就讓他們下桌去做想做的事情。

我只跟他們講道理，問他們：「為什麼要哭？」

「因為這碗飯我們根本吃不完。」

我平心靜氣也盡量語氣和緩地告訴他們：「那哭有用嗎？吃不完你要用說的，

而不是用哭的。」眼淚是珍珠，相當珍貴，不是隨隨便便就能拿來做為收服一切的武器，那麼這些眼淚就顯得太過廉價也不值了。

我很慶幸，先生跟我的育兒方式，相去不遠，甚至還會給他們一些指示與方向。有一次，大兒子準備要跳繩，但是因為鞋帶太短，怎麼也綁不好，只要一跳，鞋帶就會鬆開，幾次之後，他氣得都哭了。先生見狀，不疾不徐地告訴他：「你得想辦法。」但孩子一急，加上生活經驗不夠，他哪裏能想出辦法？

過一會兒，先生見他始終不得訣竅，才慢條斯理地告訴他：「鞋帶的洞不要全都穿滿，你只要退兩個洞不穿，鞋帶不就能變長了嗎？」

我們不會一開始就幫孩子排解問題，而是先讓他思考，真的想不出來，再告訴他解決的方式。有了幾次「思考的經驗」之後，孩子們自然就懂得凡事要舉一反三的道理了。

雖然他們還小，但我不允許他們任性，如果非得要完成心中的執念，那麼就必須要學會交涉。

例如週末假日想去哪裏玩，不是一開口我們就必須得應允他們，沒任何事情是理所當然的。畢竟我們做父母的也有自己的事情、也有自己的生活安排，要我們配合他們的行程，他們也必須付出一些代價。

雖然年紀還小，但是他們也漸漸懂得這個道理，每當他們想安排的行程必須由我們陪伴時，他們就會揚起可愛的小臉，對我們說：「如果我每天放學先做功課、再幫忙做家事，那麼星期六是不是可以帶我去想去的地方玩？」

教導危機處理再放手

現在我們生活的環境比起小時候得自立自強的生活樣貌，來得太過舒服了。我見過許多富裕家庭的孩子，他們經常是缺乏生活經驗的，就連一般看來再基本的小事情都做不來，因為父母的不捨與寵溺，早就將這些事情都做得好好的，根本無需他們動手。

我不希望我的孩子也是這樣，也不希望自己是凡事都替孩子做好好、想好好的「直升機父母」。

在他們還小的時候，每每帶他們出去採購，若挑的是他們想要以及有需求的商品，我就會把商品拿給他們，請他們去問老闆：「這個多少錢？」如果這間商店有議價的可能，我也會教他們自己去問老闆：「可不可以算便宜一點？」

我希望他們從小就能有些基本的「求生概念」，不要沒有父母在身旁，就什麼事情都不會做了。連基本的採購以及替自己打算的方式都不懂，怎麼能在社會上生存下去？

從我家走出去，轉角不遠處有一間便利商店，若臨時要買什麼東西，我就會帶著孩子去那間便利商店採購，培養出詢問價錢習慣的他們，也常常拿著商品就直衝櫃檯，問結帳的年輕店員：「我要買這個，可以算我便宜一點嗎？」

羞得我時常得把他們從櫃檯邊拉回來，告訴他們：「便利商店是不二價，是不可以殺價的！」

國小一年級之後，老大不僅學會如何看價錢、殺價以及採購，也開始央求我讓他一個人去便利商店試試看「獨立作業」。

先生第一個跳出來反對，「不行，他還那麼小，讓他一個人去會有危險！」但是我覺得兒子的勇於嘗試相當可貴，況且便利商店真的離我們家不遠，短短不過一百公尺的路上也相當熱鬧，有我們常去的洗衣店、雜貨店，甚至還有警察局，先生大可不必過於擔心。

乘著有一天先生不在，我讓兒子拿著錢，自己去便利商店。我陪他走到樓下，告訴他：「我就在門口等你，媽媽會一直看著你的背影，確認你的安全。」

那一次，他成功完成了獨自採購。

第二次，我們嘗試再大膽一些，但我給他的訊息與指示也更多了，「這一次你要自己下樓，並且去便利商店採購，媽媽會在樓上陽臺看著你。如果路上遇到奇怪的人跟你搭話，你不要理他；如果對方想對你有身體接觸，你就趕緊跑去右邊的洗衣店找老闆求救，或是左邊的雜貨店也可以，如果距離警察局比較近，就跑去警察局。知道嗎？」

他慎重地點點頭，捏起我給他的鈔票放入口袋，獨自踏出家門。

下了樓、走到半路，有個小意外發生了——一個不正經的年輕男子向他搭訕，說話的內容不堪入耳。但兒子很鎮定，他不理會那人，直直地往前走，心想若是那人再追上來，他就要大叫了。

所幸只是虛驚一場，但這件事卻讓我先生嚇壞了。「你如果現在太過於保護他、不讓他去面對世界上可能會發生的狀況，那他未來真的遇上時，就不知道該如何應對了。」我安慰先生，也試圖告訴他我的想法，「我們不可能一直陪著他們，所以最好的辦法，就是提早告訴他遇到這種事情時，該如何機警應對。」

不當直升機父母，讓他們勇敢去飛、勇敢去闖，對孩子而言，他們不需要一張保護傘，因為那不會讓他們真正長大。

我愛我的孩子，但絕不溺愛，因為這分愛不會讓他們對自己更負責，也不會讓他們打從心底地愛我。

蔡仁好中醫師解析：黃金蟲草

古典中醫大多使用冬蟲夏草，但因為產量不多又珍稀，因此非常昂貴。這幾年來民間盛行的黃金蟲草雖然是由人工培育而成，不過與冬蟲夏草有著相仿的藥效與功用。

黃金蟲草性味甘平，有溫補的效果，對於容易乾咳、呼吸系統比較弱的老人跟小孩，可以達到補肺的功能，同時對於補腎也有作用。雖然效果可能沒有冬蟲夏草來得好，但只要用量多一些也能達到同等療效。

要注意的是，黃金蟲草是比較補的藥品，容易上火的人不適合食用太多。建議食用之前得了解購買來源的品質，並經醫師建議調整食用劑量。

孩子心中的巨人

一九六二年，臺視開了一個全新型態的節目，名為《傅培梅時間》，這是臺灣第一個在電視臺教人做菜的節目，節目主持人傅培梅從食材的清洗、切塊到製作烹飪，每個細節都教得仔細。因此這個節目廣受家庭主婦的歡迎，而其中，也包含小小年紀的我。

大約五、六歲年紀的我，就已經深深著迷於傅培梅烹飪節目了，每到《傅培梅時間》，我一定出現在電視機前面，看著她像是變魔法一樣，把家常菜烹煮得既好看又可口。

有一天，我一如往常地坐在電視機前面看著傅培梅變魔法，爸爸晃了過來，給了我一些錢，要我幫他跑腿，到雜貨店去買些東西回來。

我當然是不願意的，盤算著往返雜貨店的時間，傅培梅菜都煮完了。

「你就放心去吧！等你回來，我叫傅培梅再煮一次給你看。」爸爸半哄半騙地說。

當時我雖然心生疑惑，但年紀小、心眼也小，不懂得什麼叫懷疑，因此最後還是選擇相信，接過爸爸遞來的錢，開開心心地替他去跑腿。一回到家，果真不出所料，節目已經結束了。

我把東西遞給爸爸，天真地對他說：「好了，你再叫她煮一次給我看吧！」

看著我傻呼呼的樣子以及信以為真的要求，爸爸什麼也沒說，只是一味地笑。這時我才恍然大悟，這根本是不可能的事情，我被他騙了！

半夜的親子約會

傅培梅事件之後，爸爸說話的可信度，自然而然開始在我心中大打折扣，我懷疑他、不信任他，他不是我心中的大樹，反而比較像是一個大說謊家。但是對我的三個小孩而言，我先生、他們的父親，實實在在就是一位巨人，是令他們欽佩的對象。

婆婆常講起，公公原本也不是那麼居家的男人，「他之所以有這麼大的改變，跟我的感情愈來愈好，全都是從兒子身上學來的。因為他的兒子都很疼太太、很愛家。」

先生對我的用心，從來沒有變過，孩子出生之後，他即使忙碌於事業，也還是很認真地在扮演一位父親。我身邊有幾位當父親的朋友跟他一樣，即使很忙，也堅持要回家吃飯，即使跟客戶約定好的時間快到了，也非得要幫孩子們洗完澡再出去應酬。

先生常常要應酬，陪伴孩子的時間相當有限，但他都盡可能地陪小孩，即使那是他的睡眠時間。

有一天半夜，小兒子翻來覆去，怎麼也睡不著，索性不睡了，下了床，走到我們房裏把先生搖醒，說：「爸爸，我想要吃一蘭拉麵。」

當時日本知名的一蘭拉麵剛進駐臺灣不久，即使二十四小時營業，排隊人龍依舊不減。先生睡眼惺忪看了看時間，已經是半夜三點，但他仍揉揉眼睛，強打起精神，說：「好呀！換個衣服，我們出發吧！」

幾個小時後，父子倆笑嘻嘻地回來了。那天早上吃早餐時，小兒子不僅準時起床，還非常驕傲地跟哥哥、妹妹炫耀，「昨天晚上你們都睡著了以後，爸爸帶我去吃一蘭拉麵，我跟爸爸說了很多祕密。」

大兒子跟女兒羨慕極了，兩個也都吵著要跟爸爸「單獨」去吃一蘭拉麵。

最佳戰友與玩伴

生小孩之前，我曾給自己做了許多心理建設，知道先生工作很忙，他自己是老闆，應酬又多，沒有辦法像平凡上班族那樣，陪伴小孩度過每一個成長階段。生育孩子之後，我必須同時承擔起母親與父親的角色，「既然是我自己選的，就不能因為他忙到沒時間陪小孩而責怪他、埋怨他。」我告訴自己，不該用兒女情長去綁住一個正在衝刺事業的男人。

但是先生卻很不一般。他知道自己與小孩相處的時間短暫，因此盡可能排出時間來，例如送小孩上學就是他的專屬工作，每天早上他都比我早起，並去叫醒三個孩子，細心地幫他們檢查書包、整理服裝，然後再送小孩上學。

我把這個時間留給他，因為我知道，他不可能每天都準時五點半下班回來陪我們吃晚餐，一個星期能有個一、兩次就已經很不錯了。因此必須要留點時間與空間，製造屬於他們父子間單獨的親子時光，讓孩子們說說想對爸爸說的心裏話與悄悄話。

而他在兒女之間，也盡心盡力地扮演傾聽與解決問題的角色，對孩子們而言，尤其是男孩子，爸爸就是他們的戰友。

在家裏，我總是扮黑臉的那個。還記得有一年母親節，老大的學校老師要他們寫明信片給媽媽，由老師代替寄出。母親節那天，明信片如願出現在我家信箱，我興奮地拿起來一看，內容看得我不知道該哭還是該笑，因為大兒子這麼寫：「我的母親像太陽一樣，時刻溫暖著我，有時候太陽太大了，還會不小心把我晒傷。」

有時候如果我對他們太嚴格，他們就會一狀告到爸爸那裏去。比如有一次時間晚了，我很堅持要三個孩子都上床睡覺去。但小兒子精神還很好，怎麼也不肯去睡覺，我嚴肅地警告他，「再不去睡覺，我可真的要生氣了！」想不到小兒子竟然跑去找他爸爸，義憤填膺地說：「爸爸，為什麼你要娶這個女人？」

對女兒而言，父親也是一位好玩伴，還記得女兒小的時候起得很早，常常一醒來就想玩扮家家酒，當時被點名陪玩的，不是我，而是爸爸呢！

孩子們雖然時常要爸爸作伴，但他們也知道，爸爸工作非常辛苦。還記得有一次大家都在休假的時候，先生還必須到公司加班，早上離開家門前，三個孩子一起過去抱著爸爸，齊聲說：「爸爸加油！」這一幕溫馨的畫面，是不是好貼心、好可愛！

為了讓這位兒女心中的巨人，可以在應酬時更有體力，聽說薑黃的效果不錯，但市售薑黃的品牌很多，這些吸地氣的植物最怕的就是產地與土地不明與不安全，因此我都會特別到靜思書軒選購薑黃粉，不敢說有機，但絕對沒有農藥成分。買回來以蜂蜜檸檬汁拌一拌，不僅可以解除薑黃獨特的怪味，也非常順口好喝，同時又能替先生增強體力。

有時候看孩子念書念得累，我也會在煮飯的同時放入兩茶匙薑黃粉，等飯鍋跳起之後，再撒上一些杏仁片、葡萄乾、腰果等堅果，就是好吃的中東口味薑黃飯了！

不用怕水土不服

婆婆有次心有戚戚焉地跟我說：「我從來沒想過兒子會變成這樣子。」因為以前先生是不想結婚也不想生小孩的人，沒想到他不僅結婚又生小孩，還一連生了三個，愛小孩愛得不得了，常常努力工作，就只是為了能早點回家陪孩子。

在陪了小兒子去吃一蘭拉麵之後，有一天，大兒子也如願在半夜約了爸爸一起去吃一蘭拉麵。女兒還小沒辦法在半夜起床，因此氣嘟嘟地直喊不公平，為了安撫她，我們拿出一蘭拉麵的外帶包，在家煮了「小蘭拉麵」給她吃。

雖然吃了小蘭拉麵，女兒並沒有因此而滿足，因此隔天一大早，先生又帶著她去吃了一蘭拉麵當早餐，這小女孩才終於破涕為笑。

泡麵這一類食物，基本上不太會出現在我家餐桌，不過先生喜歡在冷冷的冬天裏，偶爾煮包泡麵來吃，也會分給聞到味道貪婪前來的孩子們一人一口，滿足口欲。為了讓孩子吃得健康，我時常買靜思書軒的蒸煮麵回來，雖然泡麵的營養健康成分低，但至少這款泡麵是非油炸的，我比較安心。

說起煮泡麵，我自己可是箇中高手，以前在極其窮困的打拚時期，都會乘著超市特價期間，掃幾十袋便宜的泡麵回家屯著，也練就一身煮泡麵的好功力。除了加蛋加菜之外，煮泡麵切記不能煮到全熟，因為熄火並端上桌的那短短一分鐘，麵就熟透到軟爛了，因此要精準掌握後熟的時間，煮個八分熟就得熄火，那麼要吃的時候麵就會是Q彈的了。

後來我還學煮日本拉麵，將燙起來的泡麵過冷水後，再放入碗裏，之後再淋入熱湯，如此一來就不會有後熟的問題，吃起來口感更好。

偶爾我也會用靜思的泡麵做些不同的變化，首先將麵燙至七、八分熟，撈起瀝乾之後再將半包調味粉倒入攪拌。接著取出平底鍋，倒一些油，等油熱了之後將麵放入並聚攏，平鋪成圓形，之後在上面淋上一顆已經打散的蛋液，等蛋汁熟透之後，依個人喜好鋪上起司片。待起司片融化即可盛盤，就變成了大人小孩都很喜歡的大麵煎披薩了！

有一次我去買泡麵的時候，剛好看到隔壁架子上放著香積飯，靜思書軒門市人員跟我說，香積飯的調理方式跟泡麵一樣，只要加入熱水悶一會兒，就是一碗好吃的飯了。

那時我正巧要帶兩個兒子到美國參加為期一個月的夏令營，我們和幾個家庭約好一起去，並且跟飯店談了一個相當優惠的價錢，吃住都在那兒。當時我就想：

「美國的早餐不是麵包、麥片就是牛奶，平常也吃不到米飯，要這樣吃上一個月，兩個孩子肯定受不了。」

於是我就到靜思書軒，把架子上看得到的香積飯口味，如海帶芽、咖哩、義式番茄等都買了十包回來，並將行李箱空出一大塊位置，通通帶去美國。果不其然，沒隔幾天，這兩張臺灣嘴就已經吃膩了麵包和漢堡，我便拿出香積飯，倒入調味包，加入熱水泡一會兒，兩碗熱騰騰的米飯就大功告成了。

其他家庭見狀，還來跟我搶呢！因為他們壓根兒也沒想到會有飲食水土不服這件事情。

之後只要出國旅行，行李箱總會帶上幾包香積飯，以解突如其來的鄉愁。

蔡仁好中醫師解析：薑黃

薑黃這幾年成為許多人的保健聖品，不過並非所有人都適合長期食用。由於薑黃性溫，長期吃反而有上火的可能。

薑黃與中藥所使用的鬱金是同一種植物，兩者藥效相似，都有活血、行氣等作用，可以讓氣血順暢，也稍微有一點止痛作用。但兩者的性味卻不相同，薑黃偏溫，鬱金偏寒。因此有氣卡住、氣滯血瘀的人，若體質偏熱，鬱金是較好的選項；但若偏寒，則比較適合用薑黃調和。

此外，許多民眾認為喝酒應酬者，吃薑黃有助於提振翌日精神，其實不然；因為酒性偏熱，若是又吃薑黃，恐有火上加油的反效果。若是用薑黃入菜則無妨，畢竟用量少，也不會天天吃。

創意食譜提供／陳雪霞

五行韓式泡麵（兩人份）

泡麵一般被認為只能勉強果腹，卻不夠營養。如果想快速解決一餐，又同時兼顧營養，只要在泡麵中加點食材，就算是吃泡麵，也能感受到幸福營養滿點的滋味！

一、材料

韓式泡菜香積麵——2包	豆包——2個
新鮮黑木耳——1兩	大白菜——2兩
牛番茄——1個	青江菜——2棵
玉米筍——1兩	水（或高湯）——5杯

—調味粉包——2包—

二、作法

1. 豆包切兩公分寬條狀，黑木耳、大白菜、番茄切片狀，青江菜一開為二備用。
2. 水入鍋中煮開，下處理好的所有蔬菜、麵條煮熟，加入豆包及調味粉包煮滾即可。

小叮嚀

◎泡麵是方便麵，若能加上蔬菜和含蛋白質材料，也能獲得營養均衡的一餐。
◎豆包可以白煮蛋取代，蔬菜亦可隨喜好增減或替換。

創意食譜提供／陳雪霞

彩蔬拌香積飯（兩人份）

香積飯是經特殊處理的簡易泡飯，吃起來的口感不若白米飯Q彈，不過只要善用它的高便利性，再加些創意，就能成為大人、小孩都喜愛的午後小點心。

一、材料

香積飯——200公克（2杯）
醬油——1茶匙
橄欖油——2大匙
菇類——2兩
秋葵——1兩
素香鬆——1大匙
芝麻——1茶匙

熱開水——2杯
昆布醬油——1茶匙
彩椒——2兩
木耳——1兩
豆腐乾——2塊
堅果——1大匙
海苔或生菜——隨意

二、作法

1. 香積飯加入兩杯熱水及醬油、昆布醬油拌勻燜二十分鐘，加入橄欖油拌勻。
2. 彩椒、菇類、木耳、豆腐乾切小丁，秋葵切片。
3. 菇類乾鍋煎香或以滾水燙熟，木耳、豆腐乾、秋葵燙熟備用。
4. 取一大碗，裝飯，拌入處理好的配料，灑上芝麻、堅果等即可。
5. 可直接食用，亦可以海苔或生菜葉包捲食之。

小叮嚀

◎香積飯取用及使用非常方便，亦可做出營養均衡的一餐。
◎菇類以鍋乾煎較香，配料可隨喜好增減或替換。
◎很適宜上班族或學生帶便當。

遇上浪漫的女兒

有了家庭之後，騰出時間跟朋友聚餐，變得沒那麼容易，不過偶爾在公婆接手照顧下，我還是能有機會和姊妹淘敘敘舊、談談心裏話。

那天晚餐，正當大家話題聊得正熱絡之際，婆婆來了一通電話，我很快按了接聽鍵，話筒傳來婆婆滿是緊繃與自責的聲音說：「剛剛我在跟妹妹玩，結果要拉她的手時，聽到『卡』的一聲，接著妹妹就大哭了起來，說她的手好痛，但也不讓我看，不知道是不是骨折還是脫臼了……」

話及此，我早已經將原本放在桌上的手機丟入包包裏，一手拉起靠放在椅背上的冬季大外套。見我神情緊張的姊妹淘們，聽我簡單扼要地敘述之後，個個都催促我趕緊回家。

飛奔回到家中，妹妹的哭聲依舊響亮，哭紅著雙眼的她，依偎在保母的懷中，左手完全抬不起來，看得全家人的心都揪起來跟著痛了。

十二月的臺北，寒風刺骨，雖然被她的哭聲急得全身都熱了起來，但我們仍不忘替她披上外套，趕緊上車載她到鄰近的大醫院掛急診。

到了醫院的急診室，護理人員簡潔慎重地問了狀況之後，請我們到旁邊等待。急診室裏鬧哄哄的，人來人往都是緊急上門的病患，老人與中年人還耐得住疼痛，咬緊牙、皺起眉，頂多蜷縮在病床的一角，但來到急診室的孩子可就不一樣了，個個都在比拚誰的哭聲最宏亮，用盡全身力氣向全世界哭訴他們有多不舒服。

妹妹到了醫院，停歇了大哭，在我懷裏抽抽噎噎的，她骨碌碌的雙眼巡視了急診室一周，舉起沒受傷的右手，指著另一個正被打針的孩子，問：「媽媽，那個小孩怎麼了？」

我循著她所指的方向看過去，輕聲回答她：「他生病了，所以護士阿姨正在替他打針。」

聽到打針二字，女兒瞬間停住了眼淚，吸鼻子的動作也跟著停止，眼睛眨呀眨，緩緩地舉起原本根本抬不起來的左手對我說：「咦？媽媽，我的手好了……」

我笑了。這就是我的寶貝女兒，既可愛又古靈精怪。

喜歡動手做甜點

我不是一個一百分的母親，也不想做一個一百分的母親，因此接連生了兩個兒子，對我來說，實在輕鬆不少。兒子們放學回家之後，先是做完功課，然後看看故事書、玩玩具，不然就是找阿公、阿嬤玩，晚上看個電視，就準備去睡覺了。

但是生了女兒之後，我才知道，原來陪小孩需要用上好多時間與心力。

女兒非常會撒嬌，每天討著要抱抱，也討著要我說愛她，晚上好不容易哄她上床了，她還會掀開棉被、張開臂膀跟我說：「你要再抱抱我，我才要睡覺。」

印象最深刻的是有一次，她坐在自己的小椅子上面，一看到開門回家的我，立刻從椅子上彈跳而起，朝著我奔過來並抱住我的腿，骨碌碌的可愛圓眼向上瞅著我看。我彎腰將她一舉抱起來，當時她將全身重量攤在我的身上，連一兩重都捨不得保留，接著將頭枕在我的肩膀上，用屬於孩子的可愛聲音對著我說：「媽媽，我愛你。」

當下滿身疲憊全都消散不見了，心裏頭的「心花」，百花爭豔地綻放著，心想：「生女兒真好。」

她既貼心又可愛，而且非常黏人，全家人都被她的甜言蜜語哄得骨頭都酥了，看著她的眼神總是甜膩膩的。

開始上學之後，更顯得她與兩個哥哥的差異，兩個哥哥回家後，心思大多都在玩具上面，但是女兒卻不同，她喜歡黏著我，跟我說些心事。

有一天，她上完跆拳道課回來後，拉著我問：「媽媽，我在上跆拳道課時，有個男生一直這樣對我講話。」她邊說，邊學著那個男生的表情動作——不斷地眨眼。「他這是什麼意思啊？」

我笑著跟她說：「因為他喜歡你啊！」

對小小的她而言，愛情還太遠，遠到她不容易理解，因此她嘟噥著說：「才沒有呢！我覺得他好奇怪，我還問他為什麼對我這樣說話，他都說不出來。」

聽著她的童言童語，我打從心裏尖叫：「天啊！我的女兒怎麼那麼可愛！」

除了跟我分享心事之外，她每次下課回來，最常問我的話就是：「媽媽，我們現在可以做什麼？來烤蛋糕吧？還是做餅乾？」

她倒也不是真的想吃點心，只不過是想和媽媽在一起做些浪漫的事情而已。

雖然我主持過許多美食節目，不過主持人的職責大多都只是串場說話，不太需要動手做，所以我的手並不巧，尤其在西式烹飪上更是沒轍。誰知道偏偏生了一個天性浪漫的女兒，就喜歡這些手作的玩意兒。

為了滿足她，我帶她去上烹飪課，但課程中我自己是不參與的，只管在教室外頭和其他媽媽們分享育兒經。但女兒上才藝課還不夠，兩、三天就要我跟她一起在家裏動手做做看。

還好現在網路世界無遠弗屆，只要打開網路，輸入關鍵字，數十、數百個相關烹飪影片任君挑選。我也開始陪著她探訪住家附近的烘焙材料行，在眾多材料中選擇我們喜歡的口味。

紅豆黑糙米湯圓

以前我最喜歡和她一起做湯圓了，因為這道甜點最簡單。只要用糯米粉加上清水，頂多再買一點食用色素回來滴上一滴，揉一揉，紅色與白色的糯米糰就完工了，然後再捏一小塊搓成圓，一顆顆小湯圓就大功告成了。

前些時候，慈濟的師姊約我回花蓮靜思精舍參訪，回程時，送了我一大袋靜思書軒的新產品，其中有黑糙米粉與紅豆粉。師姊告訴我：「這兩樣東西，只要加點水，紅豆粉就可以變成紅豆泥，而黑糙米粉就會變成有點像糯米粉那樣子，你回家試試看，健康、方便又好吃！」

有了現成的材料，回程的火車上，我心心念念要趕緊帶回去跟女兒獻寶，跟女兒一起動手做紅豆黑糙米糰子，她一定會很開心！

回家動手一做，果然一如師姊所言，既簡單又方便。以前我不太愛做包有餡料的甜點，因為太麻煩了，光是紅豆泥的作法，從紅豆泡水、脫殼、過篩成泥，就得足足費上一天的功夫，但是有了這包紅豆粉真的方便許多，只要適量加水攪和，帶著撲鼻香氣的紅豆泥就大功告成了；而黑糙米粉則比糯米粉還要來得沒有負擔，既有糯米製品的Q度與黏稠感，又不易有消化不良的問題。

每當告訴朋友，我又跟女兒一起在廚房做些什麼甜點，他們都忍不住好奇地問我：「我們家做的蛋糕、餅乾跟甜點都吃不完，天天吃也會膩！」

哈！這我可不擔心呢！因為樓下的社區管理員叔叔，都非常期待我們家妹妹的手作甜點。她的浪漫，可是幫我們家做了不少「國民外交」呢！

跟女兒在廚房的相處中，我時常想起自己的母親。雖然我們家經濟不寬裕，但母親總也想讓我們在放學回家後的炎炎夏日裏，有個冰涼爽口的點心可以暫時果腹。她都會到菜市場買現成的米苔目以及仙草回來，切一切，再加點糖跟水，放入冰箱一會兒，就是一道深受歡迎的點心了。

偶爾她若時間充裕些，就會去買綠豆回來煮成綠豆湯，等豆子煮得綿稠，再大方地大把放下冰糖，豆香混著糖的滋味常令我顧不得晚餐將至，一碗接一碗地吃個不停。

我也曾依循母親的方式，買些仙草、米苔目以及煮綠豆湯，但是孩子們卻不捧場，我笑著，也不強求，或許這就是時代的隔閡吧！

嫁給愛情的婚姻

臨時要出差三、四天，出差的前一晚，女兒不捨地抱著我說：「媽媽，你明天一定要回來，因為我會想你。」

其實我也捨不得，先生在一旁聽到前世情人這麼一說，心也揪了，於是提議說：「不如帶她一起去好了，反正她現在才幼稚園大班，沒去學校也不至於會有進度落後的問題。」

我想想也是，於是就跟女兒說：「還是你跟我們一起出差？」

她聽了馬上說：「可是我會爬不起來。」

早上的第一班飛機，清晨五點就要起床，她爬不起來我不怪她，於是我提議：「不如我抱你起來？」

她貼心地回答：「可是這樣我怕你會閃到腰。」

自從生了小兒子之後，我就很容易閃到腰。我笑笑地說：「沒關係，那我叫爸爸抱你。」

只見女兒靦腆地笑了笑，思考了一會兒，已經想不到可以推拖理由的她，只好一溜煙地跑走。

就在我還搞不懂她到底想做什麼時，就接到老師的來電，提醒我們幫女兒準備隔日冰淇淋ＤＩＹ的材料與道具。我才知道，這就是她三番兩次找藉口推拒著不跟我們一起出門的原因，原來是因為學校有好玩的課程啊！

看著早已忘卻剛剛說會想我的她，我又好氣又好笑。想起記者曾經問我，三個孩子長大之後各自交了男女朋友，我會不會捨不得？

對於兩個兒子我倒是豁達，我告訴記者：「兒子以後就是女朋友的，我看得很開。」

至於女兒，我就沒那麼開朗了，但我也不會把她綁在身邊，我想了想，說：「如果她十五、六歲就談戀愛了，我會跟她一起談戀愛，跟她一起討論，讓女兒把我當成朋友，跟我分享她的心情。」

要是女兒有一天問我對愛情和婚姻的看法，我將會告訴她：「親愛的女兒，『沒有該結婚的年齡，再晚也要嫁給愛情。』媽媽年輕的時候，遇到的渣男不算多，但一個就已經學到了……所以在愛情裏面，更要保持清晰的心靈。媽媽也是在三十歲的時候才遇到你爸爸，婚姻不見得適合每個人，嫁給愛情才是婚姻的真諦。但媽媽希望你遇到的對象能永遠和你有說不完的話，任何忍耐委屈都是不必要的，那不會為你帶來幸福……」

這個全家人的寶，媽媽只願你能永遠幸福。

蔡仁妤中醫師解析：湯圓

湯圓的主要成分是糯米，糯米從中醫的角度來看，屬於平補的食物。人們選擇在寒冷的元宵節食用湯圓其實是有道理的，因為湯圓可以補足脾肺的虛與寒，對於容易拉肚子、頻尿、身體比較虛的人，多少有些幫助。

然而有些人對於糯米是又愛又恨，畢竟糯米比較不容易消化，其實只要在飲食上做一些巧思搭配，就不必擔心消化不良的問題。在中藥的藥方裏頭，針對容易脹氣或是消化不良的患者，會加一些麥芽來幫助消化。同理，若是擔心吃湯圓會消化不良，可以試試將湯圓加在麥芽茶裏面一起食用，麥芽裏的澱粉酵素，可以幫助湯圓在腸胃道裏消化。

若是要煮鹹湯圓，建議加些白蘿蔔一起煮，煮熟後的白蘿蔔也具有幫助消化的效果喔！

林世航營養師解析：黑糙米粉

糙米主要含有維生素B群、膳食纖維與維生素E，但若是黑糙米，除了以上的營養成分，還含有花青素。花青素具有抗氧化、抗發炎的效果，可以調控發炎機制。像是莓果類的蔓越莓，一般認為有預防泌尿道感染的功能，就是因為花青素發揮功效，避免細菌與黏膜結合產生感染病變。

黑糙米的故事

黑糙米亦即黑米，據説西漢時期著名的官員張騫，曾與黑米有過一段深厚的緣分。

當時張騫尚未出仕，有一天他讀書讀著、讀著，不小心睡著了。夢裏他遊歷了仙宮，並遇見了主管文運與考試的文曲星，於是他就問文曲星：「我的前程如何呢？」文曲星回答他：「鵬程萬里。」

張騫又問：「那麼我何時可以出仕發跡？」

文曲星回答：「等到你看見黑米的那一天，就是你發跡的時候了。」

從夢中醒來的張騫開始有了信心，比以往更孜孜不倦，除了苦讀詩書之外，偶爾還會抽空到河邊找尋黑米的蹤跡。果然皇天不負苦心人，三年之後，他終於在一片無人管理的野稻之間看到一株灰黑色的稻穗，剝開一看，正是黑米！

說來也巧，這一年，張騫果然如願考上官等。

早早學習自立

曾幾何時，天真可愛的女兒已經悄悄地長大，有時候她脫口而出問我的話，都一再提醒著我，她已經到了有自己想法的年紀了。雖然細細分析內容，有時候仍然會讓人覺得啼笑皆非。

有一天她突然問我：「媽媽，我長大以後是不是會跟你一樣？」

這句話沒頭沒尾的，是五歲孩子會說出的標準句型，於是我耐心十足地引導她：「跟我一樣什麼？」

「用你的名字去電視臺上班啊！」小女孩的語氣中充滿著理所當然，彷彿這是再正常不過的念頭。

提起我的職業，我不會告訴孩子們我是藝人，我只說我是在電視臺上班，所以才會出現在電視上；也由於要在電視臺上班，所以在電視上的我用的不是本名呂家柔，而是郁方。

但是萬萬沒想到，女兒竟然以為郁方這個藝人身分是世襲制的，她長大之後就會傳承郁方這個名字，並且跟我一樣到電視臺上班，出現在電視機裏面。

這個可愛的想法，讓我打自心裏笑了，但回過頭來，我也細細斟酌思索，我能傳承給孩子的，是什麼？

回味我的童年、一路走來的歲月，思索許久，我想我能傳承給他們的，就是學會如何自立。

是芹菜還是青菜

有一天突然要用打火機時，發現無論怎麼點，打火機只肯噴出一些火星子，遲遲不願給我那把小火，撥弄了好一會兒，我確認這把打火機沒有壞，只是裏頭已經沒有瓦斯了。

孩子們看到之後，個個自告奮勇，要幫我出去外面的雜貨店或是便利商店買打火機。

我拒絕了他們的好意，轉頭跟先生說：「爸爸，我記得我們家有灌瓦斯的器具，你要不要現在就教孩子如何灌瓦斯？以後再遇到這種狀況，他們就能幫上忙了。」

或許有人認為，孩子還小，這麼做是不是危險了些？但對我來說，我只是想讓孩子們學習一個觀念——當遇到有東西失去原本的作用時，我們第一個做法不是直接放棄，也不是丟棄，而是該想想，要如何去修理，讓它恢復完好。遇到事情，先想辦法，嘗試解決，而非直接放棄，這是我訓練他們獨立的第一步。

想起母親在我十五歲那年逼我出外獨立，雖然有些殘忍，但我在年紀輕輕獨自邁入社會的時候，既沒有餓死街頭，也沒有因為對生活一竅不通而遭遇太多苦難；回想起來，母親其實在我小時候，就開始在教我該如何獨立了。

母親的第一步，就是教我學會煮飯。

我們家五個小孩，身為二姊的我，理所當然與大姊一起擔起照顧弟弟妹妹的責任，當媽媽不在家的時候，又或者因為工作趕不及回來煮飯的時候，就是我跟大姊進廚房大展廚藝之時。

在媽媽一步步的教導之下，我們姊妹倆早早就學會一些簡單的料理，例如煎荷包蛋、炒青菜，又或者是既有飽足感又有營養價值的蛋炒飯。我們最晚學會的，是煮湯，對母親而言，煮湯再簡單不過，因此也沒有特別教我們。

還記得有一天放學回家，接到媽媽的電話，說她趕不及回家料理晚餐，要我們自己煮飯，她還特別叮嚀：「記得煮鍋湯！」

在我還沒來得及問她，湯怎麼煮的時候，電話就被匆匆掛斷了。我輕輕將話筒放回原本的位置，心不在焉地想：「究竟湯要怎麼煮呢？」

走進廚房，拿出湯鍋，我在爐灶前面思索了許久，怎麼也沒有解答。眼見天色逐漸由橘黃轉為藍黑，「哎呀！不想了，反正煮湯八成就跟炒菜一樣吧！」

於是我在鍋裏加了水，水滾之後就淋上沙拉油，放入蒜頭末，之後再拿出幾顆雞蛋嗑破攪勻倒入。等水滾了、蛋液也熟了，我心滿意足地將瓦斯熄火，心想：「煮湯其實也不難嘛！」

結果這鍋蛋花湯上了桌，成為所有人嫌棄的對象，包含我自己也覺得真的是太難喝了。

吃飽喝足後，餐桌上的菜幾乎被我們一掃而空，唯獨那鍋湯，還有七八分滿，幾乎是人人喝了一口之後，它就被選擇視而不見。

媽媽回來之後，也看到被留在桌上那鍋孤零零的湯，她禁不住訝異地說：「這鍋湯怎麼浮了一層油？」她用湯匙攪了攪，又說：「蛋花湯裏怎麼還有蒜末呢？」

之後只要媽媽再叫我煮湯，我就去市場買餛飩，因為這是最美味又最簡單的湯料理了。

有一次，母親又因為工作太忙趕不及回家，於是打電話回來，接電話的是小妹，當時她才幾歲年紀，對大人的語言似懂非懂，能夠轉達的，也只能部分而不能完全。

掛上電話之後，她跑去找大姊，拉著大姊的衣角說：「姊姊，媽媽叫你買芹菜。」

大姊聽了，也不疑有他，趕緊套上鞋子、提起菜籃，到黃昏市場去買了一把芹菜回來。回來之後，她才滿臉疑惑地問小妹：「媽媽為什麼要叫我買芹菜？芹菜要怎麼炒，或是要跟什麼食材炒在一起，媽媽都沒有說嗎？」

一直以來，媽媽如果要我們自己料理，總會確切地告訴我們可以煮些什麼，從不曾像這次一樣，只說一樣菜，而且還是我們甚少吃的芹菜。

面對接連的問句，小妹的回答簡短得天真可愛：「沒有，她只叫你買芹菜。」我們知道再也不能仰賴小妹的表達能力與記憶了，於是我告訴姊姊：「媽會不會是要我們買青菜？」

「嗯，我覺得有道理。」放下芹菜，大姊又出門一趟，買了把綠得漂亮的青菜回來。

但此時她又有疑惑了，「所以媽是叫我們今晚吃青菜就好了嗎？」

就在我們倆商量著該怎麼辦的時候，母親提早結束工作回來了，她看著桌上的青菜跟芹菜，比我們更困惑，「這是在幹嘛？你們打算煮什麼？」

姊姊回說：「不是叫我們買芹菜嗎？」

只見母親隨之一愣，然後彷彿恍然大悟，又好氣又好笑地說：「我是說『清彩』，要你們隨便買、隨便煮。」

現在長大了，偶爾跟大姊聊起困厄的童年時光，講起此事，兩個人總會笑得東倒西歪，當時的日子苦雖苦，但仍有一絲甘甜在其中呢！

生活技能從小教

上一回慈濟的師姊除了送了我一包紅豆粉與黑糙米粉之外，還有一包素香鬆，運用這三樣素材，我和女兒一起動手捏了紅豆糰子，還捏了鹹口味的素香鬆糰子，無論甜鹹，都相當美味。

我也教孩子們用素香鬆做飯糰，只要拿出兩只碗，在其中一個碗裏放入一匙飯，接下來再將兩個碗扣在一起，搖一搖，打開碗，掉出來的就是一球圓滾滾的白飯飯糰了。此時再將素香鬆倒在淺盤上，將飯糰放在素香鬆上滾一滾，一個素香鬆飯糰就大功告成了！既有飽足感又能嘗到豆香味，營養無負擔。

除了在家教他們這一類的簡單料理，打從三個小孩升上小學二年級之後，我就輪流替他們在寒暑假期間報名烹飪課。開班授課的老師是親子烹飪教養專家林家岑，十幾年前她就開始教幼稚園的孩子下廚，原本我擔心女兒太小不能去上課，但是她很有信心地告訴我：「只要你的孩子坐得住，都可以來上課。」

一度婚姻挫敗又罹患重度憂鬱症的她，靠著烹飪一步一步走出低潮，心情上海闊天空的林家岑，在幼兒烹飪上面相當專精，不單單只是教孩子煮菜而已，我曾旁聽過幾堂課，實在精彩。例如與菜脯有關的料理，她早上就會先說故事給小朋友聽，談菜脯與客家人的關係，而客家人是從哪裏來的，早年到臺灣拓荒又是何等辛勞；午後才正式開始用菜脯入菜，教孩子們料理。

早上上課，下午實作，每週五則是舉辦成果發表會，將一週來所學的料理再複習一次。若天氣好，還會帶著孩子們與剛煮好的料理到戶外去野餐呢！

有趣的烹飪課，再加上我常常在家教他們簡單的料理，現在三個孩子對烹飪早已經熟能生巧，有時候我買回市面上剛生產的烹飪器具，不用我教他們使用，他們也能自己看著說明書、自己學習如何操作。

我曾經在網路上看到一個故事，那是一位發現自己罹患癌症的日本媽媽，醫師告訴她，癌症發現得晚，時日已經不多了，請她做好準備，與家人道別。這個媽媽有個女兒，才剛過兩歲的生日，她看著自己的女兒，想起自己將要離開，無法陪伴女兒成長，也無法成為女兒人生旅途中的保護傘，她心想：「我可以留給女兒什麼？讓她一路平安成長？」

她唯一想到的，就是自己的烹飪手藝。

她教女兒做味噌湯，小心翼翼地提起那雙嬌嫩的手，教她切豆腐、打開爐火、放入味噌，也教女兒捏飯糰、醃泡菜。在她抗癌的時日裏，最常待的地方不是醫院，也不是病床，而是強撐起虛弱的病體跟女兒一起在廚房玩烹飪遊戲，一步一步地，將自己長年來在廚房的技巧，傳授給眼前的小寶貝。

在還來不及參與女兒四歲生日的時候，死神帶走了她，但卻沒帶走她點滴埋藏在女兒腦海裏的烹飪技藝。現在這個孩子才不過五歲年紀，每天早早起床，自己刷牙洗臉、把衣服扔進洗衣機洗，然後進廚房做早餐，只要不要太困難的大菜色，簡單的家庭料理她幾乎都會做。

每次看著這個女孩的父親為她拍的影片，我都會看得直流眼淚，但也心生安慰，並期許自己要多加把勁，畢竟人生無常，我期待將來若有一天我不在了，我的孩子也能如這個小女孩一樣，自立自強、勇敢地生活著。

林世航營養師解析：素香鬆

素香鬆屬豆製品，一般而言大多都是用豆子下去炒的，因此它的營養價值主要就是蛋白質。如果是用豆渣下去炒的話，那麼就多添了些膳食纖維。市面上對於素香鬆的選擇琳瑯滿目，差別在於調味的輕重比例，糖與鹽巴的少或多，就會影響口感以及口味。

行腳四百公里

小兒子六歲就開始習琴，因為身體比較瘦小，手指不夠有力，進度始終跟不上比他早學幾年琴的哥哥，加上又是當期最小的學員，因此進度總是落後於其他孩子，在沒有成就感驅動下，只學了兩、三年的鋼琴就放棄了。我不怪他，畢竟興趣勉強不來。

但是好一陣子不碰鋼琴的他，前些時候突然自己提起：「媽，我想再學鋼琴！」

他想學，我當然全力支持，雖然覺得來得突然，但還是去為他報名鋼琴課，心裏不信任地想著：「八成上了兩、三堂課之後，又會說不想學了吧！」

誰知道他這次竟然跌破我的眼鏡，愈學愈有興趣，上課也不再如從前那樣掙扎吵鬧，干擾老師上課的進度。這樣的轉變令我好奇極了，對自己的兒子，我有十足的信心，我夠了解他，因此我很想知道，究竟是為了什麼，他會突然又重拾對鋼琴的熱情？不，應該說，他一向對鋼琴缺乏熱情的，怎麼突然間那麼積極？

在我細細抽絲剝繭、旁敲側擊的詢問之下，原來，這孩子會再度學琴是因為他很喜歡一個女孩子，而那個女孩子在琴藝上相當了得，為了能和心儀的女孩有同等的默契與對話，愛情的力量才讓兒子這般努力。

我恍然大悟，更是欽佩愛情的力量。從小這孩子就有自己的想法，在三個孩子中也比較任性而為，雖然不至於壞到哪裏去，但是一路陪伴成長，時常令做母親的我有些傷腦筋，經常都要想著，該怎麼做，才能讓小兒子成熟一點呢？

受點苦也沒不好

有別於哥哥與妹妹對美食的喜好，小兒子從小身材就是三個孩子裏最瘦小的。飯吃得不多，挑三揀四，這個不吃、那個不愛，吃一頓飯總是要掙扎許久還不見得能吃完，每頓飯，最想下餐桌與最後一個下餐桌的人，都是他。

當我知道學校的輕艇隊決定破例招募國小學童時，早早就替他報了名，才小學四年級的他，就這樣成為輕艇隊裏年紀最小的學員。輕艇的舊稱是為人所知的「獨木舟」，被用來做為水路交通工具，現在則被視為休閒運動之一，體力、臂力以及意志力都必須有著相當的水準，才能將輕艇駕馭好。

我期待輕艇隊的訓練，能讓瘦小的小兒子訓練得身強體壯，也磨磨他桀驁不馴的脾氣。

有一年暑假，輕艇隊要到中國寧波移地訓練一個月，訓練內容相當扎實，早上五點要起床跑步五公里，還得要做三百下伏地挺身。教練看在他年紀小，因此特別寬許他只跑三公里、做一百下伏地挺身就好。

整整一個月回來之後，他不僅有了腹肌跟肌肉，怎麼也吃不胖的他竟然開始長肉了，甚至還胃口大開。他告訴我：「因為那裏都沒什麼東西可以吃，所以我一定要吃東西，不能挑剔，不然根本沒體力接受訓練。」

聽他說著移地訓練的種種，我知道他受苦了，學校對於訓練可一點也不馬虎，我問他：「那麼辛苦的地方，以後你應該再也不想去了吧？」

沒想到他竟然對我說：「真的太苦了，可是我還要再去！」

他是桀驁不馴的小孩，但是面對挑戰，卻也激發起他不服輸的個性。這一點，跟我很相像，想起小學四年級，老師誤以為我的作文是抄襲作文範本，因此給了我一巴掌，但就因為那一巴掌，打出了我不服輸的性格。

曾經受過苦的父母，都會希望在自己長大有能力之後，給自己的孩子最好的。可是從小兒子身上，我發現，讓他們受點苦，其實也沒有不好。

值得誇耀的回憶

小兒子在髮型上面，不輕易接受我與髮型設計師的左右，他不要剪得太帥，但也不要剪得太醜。髮型設計師常笑說：「他真是一個有主見的小孩。」

有主見是一件好事，不過如果偏差了，也常常令我們做父母的頭痛萬分。

前些時候，學校老師打了電話給我，話語中溫和有禮，但字句間卻也堅定地讓我明白，小兒子在學校的表現，讓英文老師非常失望，因為他在上英文課時，不僅對老師的態度傲慢，甚至還要上不上的。

對話最後，老師希望我能跟他溝通一下。

等他回家之後，我拉著他談，問他為什麼上英文課時老是不專心，甚至還頂撞老師？只見他嘟起嘴，不甘示弱地反告老師一狀：「老師也不喜歡我，為什麼我要喜歡他？他不喜歡我，我就不上他的課！」

我和先生對看一眼，其實我們兩個也沒有資格教育他，因為我們倆小時候也是這種壞脾氣的小孩，也曾經對於不喜歡的老師視若無睹、上課時看其他科目的教科書。

但如今身為父母，我們必須收斂起學生時期的壞脾氣，在這一件事情上面，更不能對孩子有同理心。那晚，我們夫妻在睡前聊了許久，想方設法，希望能讓小兒子理解，能在這樣的年紀，接受到如此完整的教育，他是何其幸福，他必須要懂得珍惜自己的環境帶給他的安穩。

當晚我們有了決定。

「親愛愛樂弦樂團要行腳南臺灣四百公里，不如我們送他去體驗一下，如何？」我的提議，先生幾乎在第一時間就答應了。

親愛愛樂弦樂團，是一群居住在南投山區的孩子所組成的弦樂團，兩位國小老師王子建、陳珮文夫婦憑著一股傻勁以及對孩子的不捨，召集了村子裏頭家庭不完整的孩子，教他們拉小提琴、學樂譜，並且四處巡迴為孩子自己募集學費與生活費。

我與親愛愛樂的因緣起於好幾年前，現今也持續在關心這群孩子。知道他們即將徒步行腳南臺灣，身扛樂器、米、行李，每天自己煮飯、洗衣服，展開為期兩週的克難行腳生活。我們想，或許讓小兒子跟著他們一起去，能讓他體會到自己身處的安逸環境是多麼得來不易！

翌日一早，我利用手機通訊軟體詢問王老師夫婦：「請問接受托嬰嗎？我想送我的小兒子跟你們的孩子一起行腳南臺灣。」

很快地，我收到熱情的回覆。老師們貼心地提醒我，因為要徒步行腳的關係，不好帶太多行李，僅需要幫孩子準備兩套長袖衣著、兩件短袖衣服以及兩件外套、襪子與內褲即可，另外還需要帶兩件褲襪型的襪子。

我疑惑地問：「為什麼男生需要穿褲襪型的襪子？」

老師笑回：「因為要爬山，走的路又多，褲襪型的襪子可以防止大腿摩擦，才不會『擦槍走火』。」

我們知道這個決定會讓小兒子很不開心，因為這個寒假他原本要跟著輕艇隊去寒訓，結果我卻要把他丟給一群陌生人，還要他扛著柴米油鹽與衣服，徒步走上幾百公里。

要送孩子出去吃苦頭，我們也是萬般不捨，可是還是得心一橫，把原本準備要報名輕艇隊寒訓的費用，轉而匯到親愛愛樂的戶頭。即使老師們說不需要費用，但我告訴他們：「就當作是捐助，這也證明我要把孩子送過去的決心！」

小兒子就在百般不願意之下，被我們送進了行腳團。不得不坦白，每一天，我都非常擔心他，「他真的走得了那麼多路嗎？」「他會自己洗衣服嗎？」「吃得飽、睡得暖嗎？」

親愛愛樂的行腳路程一路由南投草屯出發，配速一天要走三十一公里，目標是十四天之後抵達墾丁大街，總計要走將近四百公里的路程。路途中除了柏油路，偶爾也有泥巴路和山路，真的是一點也不輕鬆。

我們真的很想念他，不知道他有沒有想念我們？

十四天後，行腳告一段落，親愛愛樂的學生們從墾丁搭車返回南投，只有他必須要回臺北，考量年關將近，高鐵車票不好買，因此我們提前開車南下，親自將他接回臺北。沒想到這孩子一見到我們開車要來將他接回去，他得被迫提早一天結束行腳旅程，不僅十分震驚，還叨叨念念地跟我們抱怨：「為什麼要那麼早來接我？」

我們好笑地在一旁看著他緊張地跟這群新朋友留下聯繫方式，才帶著心不甘情不願的他，上車回臺北。

一路上，小兒子沒有抱怨這十多天來過得有多辛苦，反而滔滔不絕又興奮地跟我們分享著一路上的風光明媚，而他又是如何克服「蛋蛋」跟大腿間摩擦出來的傷口，還有睡到半夜被落山風吹翻的帳棚趣事，另外，他現在也學會用Google地圖查算點與點之間的公里數了。

我相信這會是他人生中值得誇耀很久的回憶，也相信經過這一趟旅程，他會了解，原來自己所擁有的一切，不是每個孩子都能享受得到。

一百個親親作懲罰

以前我們處罰小孩的方式，是讓他們跪在菩薩面前，或是抄《心經》、《金剛經》經文，記得有一次大兒子亂發脾氣，不明所以地動手打了弟弟，因此被我們處罰抄寫《金剛經》。

但現在我們不這麼做了，改以運動代替，如果做錯了事，就直接跳繩一千下，既可以消耗多餘的熱量，又可以長高，一舉兩得！

懲罰是為了讓他們記取教訓，並永不再犯，因此輕重拿捏非常重要。有時候若孩子貪玩，忘了寫功課，先生對他們的懲罰就是：「沒交功課是不是？來，懲罰就是讓爸爸親一百下！」

這個另類的方法一出手，男孩子們總會格格笑得四處亂竄，對小學年紀的男孩子們而言，被爸爸親，真的是太噁心了！嚇得他們直說：「爸爸，拜託不要親我，我下次一定不會再忘記了！」

無論是鐵的嚴懲，又或者是愛的教育，無論如何，我們夫妻間都有個共同的小默契，那就是不會在睡覺之前懲罰孩子，畢竟若讓他們帶著憤怒或是恐懼入睡，對心智與睡眠都會產生很大的影響呢！

蔡仁好中醫師解析：睡眠

對於睡眠，中醫自有一套運行原理。

人會順應自然陰陽的交替，白天自然界的陽氣屬於升發的狀態，所以身體裏的陽氣會從體內漸漸上升到體表，讓我們睜開眼睛、頭腦開始活動、四肢開始伸展。太陽最大的時候，也是體內陽氣最旺盛的狀態，而當太陽下山時，陽氣就會慢慢進到身體裏面，直到入夜要睡覺時，陽已入陰，因此我們才可以好好地睡覺。

以這個原理來看，比較不建議大家睡前運動，尤其是比較激烈的運動，如有氧運動、跑步、跳繩、跳舞、重訓等，因為這些運動會刺激交感神經，讓身體變得興奮，陽氣就不容易進到身體裏面，會讓身體處於如同白天那般亢奮的狀態，自然難以入睡。

不過現代很多人身體比較寒，在氣血卡住的狀況下，陽氣也不容易進到身體裏面。因此，睡前可以做一些和緩的運動，如伸展、拉筋等，增進氣血循環，如此陽氣就容易進入身體，也會幫助入睡。

另一方面，若要有個舒服的睡眠品質，心也要安定下來。所謂心主神，心主導著我們的一切活動，心靜則神寧，神寧就容易入睡；如果在睡前一直想東想西，心神亢奮的話就不容易睡著。

自己的未來自己決定

我不知道，如果我不當演藝人員的話，還能從事哪個行業。

坦白說除了演戲與主持，我沒有任何想要做的工作，尤其是朝九晚五的工作，對我而言實在是太恐怖了，因為那代表著不自由。雖然先生常笑說：「拍戲才不自由吧！你們根本沒有朝九晚五，而是朝五晚九，時間更受限制。」

先生話說得客氣，如果在趕戲的時候，可能有半年至一年的時間都待在攝影棚內，跟著劇組忙得昏頭轉向的，不僅哪裏也去不了，甚至連太陽都看不見。尤其是拍八點檔戲劇時，常常太陽還沒出來就進入攝影棚，等到拍完下戲，天空已經滿天星斗。

雖然花的時間長，但我就是喜歡這個工作，累得甘之如飴。

做為一位公眾人物，勢必得犧牲部分的生活品質，面對狗仔，私生活也會受到侵犯，但是我從來沒有後悔過當藝人，我覺得能成為一位藝人真的太幸福了，這是我自己想要做也喜歡做的工作。我也一直告訴孩子們，「以後你們要做的工作，必須是你們自己喜歡做、想做、會做的，能夠這樣，做這份工作才可以長長久久、一輩子快樂。」

不用畫地自限

三個孩子還小的時候，他們時常抱著我問：「媽媽，你希望我以後做什麼行業？」

我的答案始終如一，「我沒有特別希望你未來做什麼行業，這不是我能決定的事情，而是你自己的選擇。」

每次聽到這個回答，就像吃到一顆不如預期口味的糖果，他們會說：「怎麼會這樣呢？同學們的媽媽，有人希望他當醫師，有人希望他當律師，還有人的媽媽要他們以後當一個科學家，為什麼你都不會特別希望我們做什麼行業？」

我的臉上掛著微笑，心裏盤算著該如何用淺顯易懂的方式表達我的想法。

我一直認為，這一代孩子的未來將會有翻天覆地的大改變，一如父母一輩在看我們這一代，也已經跳脫他們年輕時代的想像。

父母年輕的時候，絕對想不到以後會有手機的出現，更不會想到社群軟體的發達；因此我也想不到孩子未來所面對的世界會是什麼樣子，或許在未來的那個年代，不需要醫師，也不需要律師也說不定呢！

況且，照我的期望去做，他們真的會快樂嗎？那是他們想要的嗎？我看過太多因為父母的期待而不開心的人生了。

認命的孩子，一輩子可能都很可憐，因為他不知道將來要做什麼，若有一天他的父母不在了，他將會對自己的人生與生活感到迷惘；另外一種原本就很有自己想法卻被父母限制住的孩子就更痛苦了，他們找到機會就想逃。

有個朋友從小成績就很優越，他的父母總督促著他保持前幾名的成績，並不在乎他才藝上的表現，但是對他而言，才藝的發揮才是讓他快樂而且擁有成就感的事情。但是他的父母認為，除了讀書之外，這些都是不學無術。

他按照父母的期望一步步走，每學期考第一名，升學時考上最好的學校。他考上大學那一天，父母還特地為他舉辦一場慶功宴，找了許多親朋好友來同樂。但是不多久後，就傳出他離世的消息，他用最絕的方式、最令人震撼的做法，告訴他的父母：「我照你們的話做了，圓滿你們的想法，然後，請給我自由。」

這個朋友的離開給了我很多的省思，當我們為孩子做那麼多，自以為是為他未來的人生好，之後，他們會感謝我們嗎？還是會恨我們呢？

選擇所愛不遺憾

我們這一代正值臺灣就學門檻高、入學不易的年代，也因此這一代的孩子被父母為難得太厲害了。

還記得小學同學中，有一個男孩子就像卡通哆啦A夢裏的王聰明——一個長得帥氣、功課又好、個性幾乎沒有瑕疵的標準模範生，他每天都很認真地念書，下了課也幾乎把自己埋在課本中，是我們班第一名寶座的常勝軍。

上了國中之後，有一天我在路上遇見他，差點就認不出他來，才國一的年紀，他已經是滿頭白髮了。後來聽其他同學說，他的父母對他期望很高，要他將來一定得考上建國中學，然後升學臺灣第一學府臺灣大學，因此小小年紀的他，就得日日苦讀，擔心會辜負父母的期望。

而國小班上成績最好的女生，雖然總搶不到第一名，但也不讓人搶走第二名，上高中之後，我在路上遇到她時，也被嚇了一跳，因為她明顯看起來精神狀態不是很好。

之後也是聽同學們說，她患有嚴重的精神疾病，因為她沒有考上第一志願北一女，為了父母的榮耀，她逼自己考上北一女的夜補校。雖然如願考上了，但巨大的壓力也逼得她精神崩潰，最後必須長期服用精神科藥物，才能讓自己如一般人生活。

於是，每當孩子們希望我給他們一個未來方向時，我都會告訴他們：「我不需要幫你設定目標，因為你怎麼知道將來會不會做到？如果你想做，你現在就會確定目標，但事實並非如此，你的興趣會一直改，未來也會遇到很多機緣。」

現在的我，唯一能給他們的，就是盡可能地給他們資源，鼓勵他們多方嘗試、參加社團，找出自己的興趣與天分。我也告訴他們：「天分跟熱情是不一樣的，這是兩回事，例如你可能文筆很好，但你並沒有想要當作家，而是想要唱歌當歌手。如果興趣跟工作一致那樣最好，因為你工作起來就不會有埋怨，也會比較快樂，就跟媽媽一樣。我只希望，你們能跟我一樣幸運，如此一來，我就很開心了！」

很久以前，我就告訴三個孩子，我只資助他們的教育費到二十歲。二十歲之後，如果他們不想念書，想要工作或往其他方面發展都可以，就不必再花我與先生辛苦賺來的錢；如果他們還想繼續升學，就需要寫一份計畫書，讓我們願意繼續資助他們。

如此做的用意，就是想讓他們明白，父母不會為他們的未來做任何的決定，未來是掌握在自己手中，由自己所選，並大步邁向前方。

不扼殺創造力

我家老大成績還算不錯，他也喜歡打鼓、彈得一手好琴，但是他最有興趣的，是做實驗。有天晚上，我在客廳隱隱約約聞到一股燒焦味，依循著味道找尋，就見到他認真安靜地在一張桌子上做著不知什麼的實驗，桌子上滿是電線，在電線之中，我看到木頭桌面上有一個黑黑的、殘留著溫度的焦洞。

他看見我走過來，一臉不好意思地抓抓頭，說：「媽媽，我在做實驗……」我雖然惋惜那張桌子，至今仍記得當初買下它的心情與悸動，但是我深呼吸一口氣，再緩緩吐出，告訴自己：「我兒子將來一定會是一個成功的科學家，就讓他燒吧！一個洞而已，沒什麼大不了！」

其實說不出口的責罵，除了是支持孩子追求自己的夢想，另一方面，我也回想起自己小時候。

蠟燭是家裏的常備品，遇到電力不穩、颱風天時，蠟燭就是照亮夜晚的好朋友。看著燭光搖曳，我不禁有個瘋狂又亟待找到解答的想法，「如果把點了火的蠟燭放進冰箱裏，燭火會因此熄滅嗎？」

才想著，我已經付諸行動，小心翼翼地把蠟燭端往冰箱，並打開冰箱放進去。站在緊閉的冰箱門前，我在內心數數，靜靜地數滿一分鐘後，才打開冰箱門，結果燭火依舊搖曳生姿！

我趕緊把蠟燭從冰箱拿出來，並擦掉冰箱裏面的燭淚，自以為神不知鬼不覺。但晚上就被爸爸發現了，他氣得大吼：「是誰把冰箱燒破一個洞！」

當時我都不敢吭聲。

接著，回憶又將我拉回五歲時上幼稚園的時候。有一次老師出了一個作業，要我們回家拿出一顆雞蛋，在蛋尖上戳一個小洞，把裏頭的蛋液取出來，隔天再帶著清洗好的蛋殼到學校去。

小小的我當然不會做這種細活兒，還是爸爸、媽媽幫我完成的。隔天我把清洗乾淨的空蛋殼帶去學校，老師要我們用粉紅色的蠟筆塗滿蛋殼，然後再將蛋殼壓碎，緊接著在圖畫紙上畫一朵花，並把壓碎的蛋殼黏在上頭，就成了一幅蛋殼花畫作了。

所有的孩子聽著老師的指示，乖乖地從蠟筆盒中取出粉紅色的蠟筆，獨獨只有我拿出藍色的蠟筆，做了一幅藍色的蛋殼花，自己覺得真是美極了，而且非常與眾不同。

但是老師看了，卻將臉往下一拉，質問我：「老師要你塗粉紅色，為什麼你要塗藍色？」

小小的我不明白，為什麼我不能塗藍色？難道花一定只能是粉紅色嗎？

在我噤聲不敢辯駁的當口，一旁的助教為我解了圍，津津有味地看著我的畫，語帶讚美地說：「我覺得塗成藍色也很漂亮，下次我們可以試試看！」

之後老師沒有罵我，甚至還將我的畫作貼上布告欄。

長大後偶爾回想起這件事情，不禁替當時自己所面臨的教育深感惋惜，如果超出老師設定的方格，老師們就會動氣。有多少孩子因為這樣的教育被抹煞了原本無限的想像力與創造力？

從回憶中拉回現實，我看著兒子一臉不好意思，便打起十足的精神對他說：「秉持實驗的精神，真是做得太好了！」

之後為了證明我是支持他的，趕緊邁開步伐遠離他的視線，讓他不要因為我在現場而感到有壓力。但我心裏頭一直默默祈禱：「將桌子燒破一個洞不打緊，可千萬別把房子燒了就好！」

冰箱的妙用

以蠟燭為例，點燃蠟燭之後，蠟燭會滴蠟淚，這是再正常不過的了，不過如果將蠟燭插上蛋糕時，這一點就讓人覺得很麻煩，常常得在吹熄蠟燭之後，把被蠟淚滴到的蛋糕或奶油挖除丟棄。

其實要蠟燭不流淚，是有方法可解的！只需要將蠟燭冰入冰箱冷凍一天，隔天再點蠟燭，就不會滴蠟淚了。

另外若是不小心讓受潮的兩張郵票黏在一塊兒，可以將郵票放進冷凍，幾個小時後取出，不但可以輕輕鬆鬆把黏在一起的郵票分開，也不容易毀損原貌。

大過好年

每逢過年趕辦年貨的同時，我都不忘上書店一趟。漢聲出版社每年都會依當年的生肖，推出「大過好年」系列，至今已經發行超過二十個年頭，一如今年是豬年，就能在書局買到大過豬年的作品。

這本書裏頭有對聯、門神、版畫、剪紙等，每一張都喜氣洋洋、色彩斑爛，我會從其中挑幾幅喜歡的剪下，再拿去裱框，掛在牆上不僅與眾不同，又有年節氣氛。

望著裱好框掛上的大過豬年，我笑笑著想：「曾幾何時，我也變得那麼愛過年了？」

用心過每一個節日

我們家是喜歡過年過節的家庭，這一切都是因為婆婆。元宵節，她必定讓孩子們動手做湯圓，偶爾想嘗個鮮，基隆全家福的桂花湯圓則是她心中第一選擇。尾牙這一天一定吃割包，立春這一天餐桌上則少不了潤餅捲，而元旦早上當大家正因跨年而睡得起不了床時，婆婆早已下好了餃子在等著大家了。

哪一個節日要吃什麼，對她而言不僅僅是形式而已，所有食物的製作，她都十分講究。

例如清明節的春捲，她不買現成磨好的花生粉，而是買新鮮花生回來，放在爐子上細心地以溫火炒了又炒，直到水分盡失，再從鍋裏取出放涼，手工磨成花生粉；配料部分，蛋皮煎好切細、荷蘭豆燙過切細，最後再將蔥白切成像掃帚一樣的造型，以便用來沾醬抹在餅皮上，小小的一個動作，就能為醬汁增添一番好風味。

今年過年前，我獨自到菜市場辦理年貨，買了草仔粿、紅龜粿準備拜拜祭祖時使用。正當我覺得都買齊了，想到尾牙必吃割包，準備要繞去購買食材時，老闆問我：「你們家今年不做割包嗎？」

「當然要做，我正要去買食材呢！」

「那你怎麼沒有買這個？」他從貨架上取出一包酷似海苔粉的東西，跟我說：「這不是海苔粉喔！這叫滸苔粉，每年你婆婆都會買這個回去加在割包裏，都是跟我買的。」

我一聽，想也不想就買了五包。回家之後，婆婆看到滸苔粉，開心極了，直說：「你有買回來真是太好了！整個市場就只有那攤在賣，這個東西加在割包裏，才會有獨特的好滋味。」

說來慚愧，婆婆的割包自然是好吃，但我一直以為那是她廚藝好，卻從沒想過，就因為她在材料上處處用心，才能做出有別外面商家的好味道。

吃要講究，食材也要千挑萬選，婆婆這般地用心，讓我們家格外幸福，也對過節特別有記憶與印象。

我們家享受過節的氣氛，也品嘗年節的傳統美食，婆婆唯一沒有「手作」的年節料理，大概就只有粽子了，因為每到端午節前，朋友們就會送來琳瑯滿目、各式不同口味的粽子禮盒，吃都吃不完呢！

願意為你花時間的人

有一天我看到一則故事，覺得很有意思。有一個女兒跟爸爸說：「爸爸，我好喜歡這個東西喔！」爸爸於是說：「好，那我陪你看。」

這位父親沒有把女兒喜愛的東西買下來，只是陪著女兒端詳許久，最後女兒禁不住失望地說：「你怎麼沒有買給我？我以為你會買給我。」

父親笑了笑，對她說：「對你好的人不一定是花錢給你買東西的人，是願意為你花時間的人。」

婆婆享受過年過節的氣氛，即使忙碌，她依舊詳記並認真地執行著每一個小細節，數十年來始終如一。她告訴我，做這些事情，並不是真的擔心會觸怒神明、觸怒祖先，而是在營造家庭的氣氛、凝聚家庭的力量與家族的感情，這才是過年過節這件美學最重要的一部分。

承襲了婆婆這分傳家的心念，結婚之後，我也非常認真地在過節。除了傳統的節日，外國的節慶我們也過，萬聖節一定會認真裝扮，耶誕節也會好好裝飾一番，就連廁所也不放過，我跟孩子還曾替馬桶換上耶誕老公公以及雪人的套子呢！

小時候臺灣不流行過耶誕節，覺得這是外國人的節日，何況在不富裕的家庭長大，能順利長大已是萬幸，還能奢望過任何節日？但是現在不同了，婆婆教會我，過日子就是要這樣，要過得有滋有味、有聲有色的，才有樂趣。其實做這些花不了什麼錢，也耗不了什麼時間，但只要有心做，就能給孩子一個美好的回憶。

孩子的紅包歸屬

跟著婆婆過節，其實也是在滿足自己小時候的一些缺憾，雖說是陪伴孩子過節，其實也是讓自己再長大一次，再一次五歲。

小時候我們家住在桃園的大馬路上，隔壁鄰居是客家人，元宵節將至時，就見到他們拿著一個竹編的篩子，雙手不停地畫圈搖著，上頭一顆顆飽滿的湯圓被滾得愈來愈圓。

路過時，我眼巴巴地看著他們搖元宵，再回過頭來看看母親。看見我眼底閃過的渴望，她卻只是搖搖頭跟我說：「我們家沒這東西。」

因此小時候我很羨慕那些客家人，他們將元宵節過得有滋有味，但我們家的元宵節，不過就是日曆紙上一個再平凡不過的日子而已。

元宵節也罷，即使是傳統新年，家家戶戶張燈結綵、賀喜聲不斷的氛圍依舊無法感染到我家來，這樣一個重要的年節，我們家就是有辦法過得冷冷清清、寂寂寥寥，原因是因為父母覺得太費事了。

會來我們家拜年的，大概只有幾個比較熟悉的親戚。

小時候不懂什麼是過節，也不懂得過年的意義是什麼，期待迎來這一天，只是單純因為這個節，可以讓我們拿上幾包裝了現金的紅包袋，能去買些平時想吃又買不起的糖來吃罷了。

但不知道從什麼時候開始，當親戚要發紅包給我們的時候，就會被母親攔下，並將紅包再塞回他們的手中。

「你們家才兩個小孩，我們家有五個，這樣不公平。」她羞赧的臉上有著傳統婦女的矜持，直說：「我們這樣是占便宜，以後不用再包紅包給我的小孩了。」

當時我真的好生氣，母親竟然就用這樣幾句話，剝奪了別人對我的祝福，也奪去了我對紅包的那股熱切渴望。

長大之後我才知道，原來包紅包是一門學問，在別人給予自己祝福的同時，自己的父母其實也得花費一樣的金額給予對方小孩祝福，這樣一來一往，受惠的是孩子，費煞苦心的卻是父母。

我不願讓自己的孩子享受不勞而獲，因此在他們懂事之後，我就試圖跟他們說道理，「你們知道，為什麼你今天可以拿到別人的紅包嗎？」

三個小孩似懂非懂，苦思了許久，最終搖搖頭，等待我給他們答案。

「那是因為，媽媽包了紅包給對方的小孩，所以那些叔叔、阿姨跟長輩們才會給你們紅包，因此你們收到的紅包，是媽媽的付出。這麼一來，這個紅包是不是要在過年之後還給媽媽？」

我很欣慰，三個孩子同時點頭，並異口同聲地說了好。

不過我並不想要他們跟我的童年一樣悲戚，我希望他們依舊能享受收紅包的樂趣，體會過年的快樂。因此我與他們達成協議，每年收到的紅包必須全數歸還給我，並由我幫他們存下來，我會拿出存摺證明屬實，這筆錢要等到他們長大後才可以動用。但是每一年他們都可以從眾多紅包中，挑選一個金額適切的紅包留下來當作零用錢。

這個提議很快就達成了共識，好幾年來，我們都快快樂樂地依法奉行。

不過隨著孩子長大了，開始有了思考與邏輯能力之後，今年就出現了一個小插曲。

過年期間，婆婆的一位朋友來拜年，看到三個孩子，不免禮俗地各包了一包紅包給他們。孩子們恭恭敬敬地說了一些吉祥話，歡天喜地地收下這包紅包。等客人一走，我就說：「來吧！把剛剛的紅包交給媽媽。」

結果他們竟然毫不客氣地以勝利的姿態對我說：「剛剛那個阿嬤是一個人來的，沒有帶其他的小孩子，所以媽媽你沒有包出去任何一個紅包，因此這個紅包是我們賺到的。」

這番話，真是令我又好氣又好笑，有道理到我根本無力反駁。我只好安慰自己：「真不愧是商人之子啊！也算是傳承到精髓了。」

壓歲錢

過年給孩子的紅包，又或者是晚輩包給長輩的紅包，我們都習慣將之放在枕頭下面，並稱它是壓歲錢。壓歲錢，這麼特殊的名字以及特別的年節習俗究竟是怎麼來的呢？

據說古時候有一隻年獸，名為「祟」，牠會在大年三十出沒在有小孩子的家庭裏，逗弄這些孩子，讓孩子嚇得大哭，嚴重者還會頭疼發燒，最後變成傻子。所以在這一天，家家户户都會張燈結綵，大人們都坐著不睡覺，以防祟找上門來。

當時有一對夫妻結婚多年都沒有孩子，好不容易老來得子，因此特別照顧他們的孩子。過年的時候，他們拿出八枚銅錢跟孩子玩，孩子玩累了，他們就將這八枚銅錢用紅色的紙包起來，放在孩子的枕頭下。接著兩個人就守在孩子的床緣，一刻也不敢闔眼，就怕祟找上門來。

誰知道，心中的恐懼果真應驗了，夜裏一陣淒冷的風將大門吹開來，甚至還吹滅了燭火，祟以令人措手不及的速度衝向這個孩子。就當這對夫婦以為一切都太遲的時候，枕頭邊突然迸出閃光，嚇得祟奪門而出。

老夫婦這才知道，原來這八枚銅錢是八仙變的，以暗中保護孩子，因此將這件事情廣為流傳。

從此之後，家家户户在過年時節，就會將八枚銅錢包在紅紙裏，沒有紅紙的人家，就用紅線串著銅錢，並壓在孩子的枕頭底下。

由於「祟」與「歲」同音，之後就有了「壓歲錢」這個特別的稱呼了。

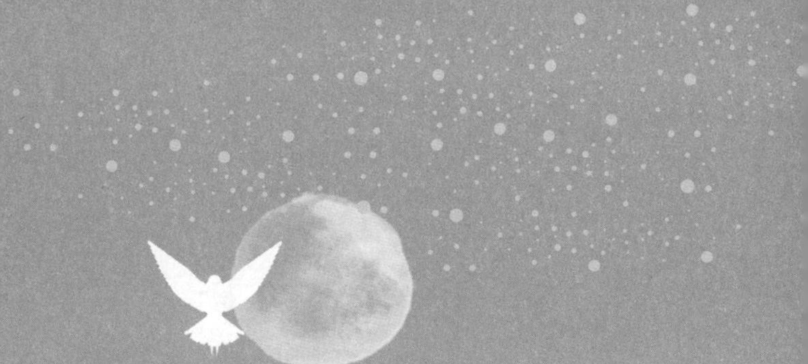

弱勢的孩子，需要愛與機會；家境優渥的孩子，需要嚴格的要求，時時布施，笑容和關心也是一種布施。

《陳家家訓第十九條》

【第四部】

記憶中的胺基酸

小時候有一段時間，我們住在桃園的中正路上，中正路上有間大廟，兩邊是一排平房，那是當時桃園最主要的幹道，相當熱鬧。

那年代高樓還不多，所謂的熱鬧就是人多、商家多，買東西方便，僅此而已。因此即使在塵囂中，仍能見到農田阡陌的美景，我的同學幾乎都是農家子弟，時常下了課還得到農田幫忙，收割時節更是沒有機會往外跑。

當時往中正路上的平房後面望去，稻田脈脈，當稻穗還沒成熟時，青綠色一片隨著春風搖曳，好不暢快，而稻穗飽滿之後，金黃色的稻浪更是別有一番風情，深呼吸一口氣，空氣中的稻香撲鼻而來。

或許就是從那時候開始的吧！米的甜味與香氣，成為了我對故鄉最重要的思念，也是記憶中最不可或缺的胺基酸。

白粥加糖好滋味

小時候即使家境不好，偶爾我們也會乘著稍微有點零用錢的時候買零食來吃，除了一些現在看到的古早味糖果、餅乾，市面上最厲害的零食非五香乖乖莫屬，尤其用積攢很久的零用錢買下的五香乖乖，每一顆都珍稀可貴。

自己有了小孩之後，已經懂得何謂健康飲食的我，開始細細分析市面上的零食，翻閱包裝後頭的成分，大多都含有化學劑、防腐劑以及過多拗口又不明所以的添加物，因此我特別不愛讓他們吃這些零食餅乾。

我們家會出現的，只有米製品的零食。當他們還小的時候，我會買米果回來當他們嘴饞時的點心；有一回我又在靜思書軒挖到寶，品名為「香積口糧」的鍋巴，其實就是米香，香香脆脆的，一入口，天然的米香在嘴中擴散開來，香甜的滋味，非常可口。

這讓我回憶起小時候，放學回來的黃昏時分，肚子有些餓了，嘴也有點饞，廚房裏除了母親剛買回來的新鮮葉菜，唯一立即可食的食物，就是早餐剩下來的冷白粥。

我會從櫥櫃裏拿出一只碗，貪婪地用大湯匙舀起一匙白粥，冷掉的粥相當黏稠，需要費點力氣，倒入小碗裏更是要花點技巧，因為白粥會緊緊巴著湯匙，要用點力甩，甩的幅度又不能太大，否則一匙的白粥就會噴飛到桌上去了。

裝好一碗冷白粥之後，再取出具有焦糖色澤的二號砂糖，只要一小匙就夠了，千萬別多！將一小匙的二砂與冷掉的白粥充分攪和之後，冷粥的香甜米味與二砂的蔗糖甜，就足以在嘴中化為一池甘蜜，是平常人家孩子最棒的下午茶點心，若想再多吃上一碗，就會被媽媽皺眉叨念：「還要留給你弟弟妹妹們吃呢！你怎能那麼貪心全部吃完呢？」

小時候覺得很珍貴的東西，長大想來不禁莞爾，因為那不過就是一鍋冷掉的稀飯而已。

現在經濟寬裕了，雖然選擇變得更多，但是除非是去參加別人家小孩舉辦的派對，又或者看電影、出外旅遊時偶一為之，否則不會主動買市面上的零食或是洋芋片給孩子們吃，在我們家，唯一能吃到的餅乾，就是米果跟鍋巴。

買回來的米果跟鍋巴我會裝在密封罐中，好好地收進櫃子裏。我家的小孩很奇怪，東西好好地放在桌上，他們不覺得稀奇，若是收進櫃子裏，反而會誘發出他們偷吃的欲望。

在接觸靜思書軒的鍋巴之前，我對米香的記憶是又愛又恨。小時候只要聽到爆米香的扣扣聲，我就會問媽媽可不可以讓我去爆米香來吃？她點頭同意之後，我就會拿空奶粉罐往米缸舀些米，喜孜孜地捧著那罐白米粒過馬路去找爆米香的大叔。在足以穿破耳膜的爆炸聲響之後，大叔將膨脹的米香倒出來，上一點麥芽再切成片，好吃的爆米香就完成了。

只是隨著長大，口味也變了，小時候覺得美味可口的爆米香，可貴在麥芽的甜膩感，長大之後卻覺得麥芽太黏牙了，徒增困擾。

有天朋友給了我一包爆米香，誇口直讚歎那是她吃過最好吃的爆米香。我隨手拿起一塊往嘴裏送，心裏其實不抱期待，沒想到一吃竟然驚為天人！因為那個爆米香的糖衣既薄又爽脆，一點也不黏牙，甜味與米香的香氣搭配得完美無缺，上頭撒上一些杏仁片，更添堅果的香氣。

只可惜賣爆米香的老闆不做了，就因為爆米香的聲音太吵，時常惹得鄰居抗議，索性選擇退休。當時我覺得可惜，為了挽留這股好滋味，甚至請祕書去跟他溝通，「如果你願意再繼續做，我可以出資讓你開店！」

但老闆還是以年紀太大、想退休為由，拒絕了我。

深深嘆口氣，我感到惋惜，但回過頭再想起來，為了留存記憶中的好滋味，我竟執著地想幫人家開一間店，也是有趣。

吃不到的最美味

小時候甜點對我們家而言是奢侈的，偶爾吵著想吃甜食的時候，母親就會取出廚房櫃子裏的太白粉，添個幾匙在杯子裏，加一點糖與熱水快速攪拌，就變成一碗白白糊糊的甜點了。沒什麼技巧，也要不了多少錢，但已經能滿足我小小的味蕾。

談起這道點心，大家或許會嘖嘖稱奇，但是在那個年代，這是不少人的回憶。每逢宵夜十分，寧靜的街頭巷弄就會像是約定好時間般傳來陣陣鳴笛聲，那個聲音專屬於燒開水的茶壺，接著那輛載著大茶壺的手拉車就會出現。推車上放著瓶瓶罐罐，有太白粉、麵茶、杏仁粉等，端依客人的喜好與口味，幾匙粉，再沖下熱水，一碗具有飽足的宵夜茶飲就完成了。

大家都是現場吃完，再把碗還給老闆，帶著滿臉的幸福感回家。在那個年代，這是再平凡不過的宵夜點心了。

那時的宵夜時分，除了茶飲車，也會有早餐車，餐車上的玻璃櫃中放著各式各樣的醬菜，如豆棗、豆枝、麵筋等，我時常替父母跑腿買些醬瓜，隔天早上配著白稀飯吃。

現在這些餐車幾乎不太能看得見了，兒時的回憶只能停留在模糊的記憶中。有一回到大稻埕的永樂市場去，看見賣太白粉茶的茶飲車，舊舊的推車上頭，有著跟記憶中一樣的瓶瓶罐罐與大茶壺。當時心裏好激動，彷彿在向自己驗證，童年時光並不是夢，那是真真切切發生過的生活，只是隨著時間與空間的變化，逐漸在記憶中模糊罷了。

即使模糊，有些記憶還是深刻的。還記得小時候的茶飲車上，也會賣椪餅，當時有機會能吃到椪餅的人不多，特別是在我家，小孩是吃不得的，只有高齡九十幾歲的阿祖才能吃。他的下午茶點總是一個椪餅、一碗花生湯，數年不變。看著他緩緩地用著無力的牙口撥著椪餅吃，我總是在遠遠的地方吞口水，幻想著椪餅的滋味究竟是如何？

小時候看母親餵著剛出生的弟弟、妹妹吃子母牌愛美斯，是奶粉與麥片二合一的副食品，當時也只有弟弟、妹妹能吃，已經長大的我是不被允許一起吃的，畢竟副食品昂貴……

孩子總是這樣，就如我把米果收進櫃子裏的用意一樣，愈是吃不到的東西、取得不易的，愈覺得可口美味，就連吃不到的副食品也覺得稀奇珍貴。

還記得媽媽生了弟弟、妹妹之後，一度因為忙不過來，三歲的我只好讓外婆帶回嘉義鄉下住一個月，一個月後，外婆帶我坐火車回桃園。火車才剛啟動不久，伴著火車獨特的隆隆喀拉聲響，車掌小姐喊著一聲聲的「便當、便當，好吃的便當」，推著餐車的腳步聲離我們愈來愈近，那時我怯生生地拉著外婆的衣角，說：「阿嬤，我想吃便當。」

一個便當想必也是不少錢，外婆不肯買，敷衍著我說：「快到了、快到了。」她怎麼也不肯買給我，但車上乘客一個個默契十足地呼喚車掌小姐停下腳步，掏出錢，買了便當。當大家開始打開便當蓋的時候，一陣美味的飯菜香味撲鼻而來，這股香味讓我鼓足了勇氣，用更大的聲音、更堅定的眼神對外婆說：「可是我餓了。」

外婆在無奈之下，叫住了已經快離開我們視線的車掌小姐，但她不買便當，只買了兩顆一組的水煮蛋，小心翼翼地將蛋殼剝去，沾了附贈的鹽巴，要我小心地拿著，慢慢吃，免得被蛋黃噎著。有得吃，我稍微滿意了，但是這個始終沒吃到鐵路便當的記憶已經揮之不去。

現今我常因為工作與通行的關係，必須到臺北火車站搭乘高鐵，我總會提早一些抵達車站，然後繞去隔壁的臺鐵車站買鐵路便當吃。我是那麼不愛吃便當的人，獨獨不排斥鐵路便當，我想就是要彌補童年記憶的缺憾吧！

林世航營養師解析：稀飯與米果

米果和稀飯的主要成分就是澱粉，沒有其他特別的營養素。但是以稀飯來講，對急性腸胃炎患者無疑是一道良品，因為稀飯膳食纖維含量低，對於腸胃發炎或是剛動完腸胃手術的患者而言，不會刺激腸胃過度蠕動，避免粗纖維對脆弱腸胃造成二度傷害。

而米果是現代父母最喜歡給嬰幼兒吃的零食，由於米果沒有多餘的調味，而且可以訓練嬰幼兒抓握以及咀嚼的能力，可以說是一舉多得。建議進入副食品階段時，不要給孩子過多的調味，雖然不至於造成所謂的過動，但這是一個味覺適應的階段。若在此時給孩子太重的調味，就會養成他們長大之後喜愛吃重口味的食物，長期累積之下，未來對健康就可能產生負面的影響。

蔡仁好中醫師解析：椪餅

早年，糖是奢侈品，因此有黑糖或是麥芽糖內餡的椪餅成了窮人家婦女坐月子的首選，將椪餅剝開，再打上一顆蛋，用麻油煎煮，就是一道相當有營養價值的坐月子聖品了，因此椪餅還有「月子餅」的稱呼。

其實那是因為椪餅裏的麥芽糖屬平補食品，雞蛋含有蛋白質，而麻油又是溫補油類，椪餅的餅皮則由澱粉組成，如此樣樣都有、樣樣不缺的組合，自然能替產後虛弱的婦女補足一些元氣。其中麥芽糖可以補脾胃與肺的不足，不僅對孕婦有益，對老人、小孩或是身體比較虛弱的人都是良方。

懂得付出與珍惜

我曾對孩子們說，我只資助他們的學費到二十歲。二十歲之後，他們若不想念書，就得憑藉自己的本事出去闖蕩；如果還想繼續升學，必須寫一份完整的報告書，告訴我為什麼想升學、想鑽研哪一方面，清清楚楚，方向明確，如此一來，我才會繼續資助他們研習學業的費用。

我想讓他們從小就明白，未來掌握在自己手中，雖然我身為他們的母親，但是我無權替他們的將來做決定；再者我也要讓他們知道，爸爸、媽媽所賺的錢，是我們自己的錢，以後不會留給他們，別打小就想著要不勞而獲。

會在他們都還小學階段，就果斷地做出這個決定，並明確地告知他們，起因是大兒子的一件事。有一天放學，大兒子告訴我，他有一個父親當律師的同學，這天在學校，那個同學得意洋洋地跟他說：「我爸爸告訴我，以後他跟我媽媽死了，財產都會是我的。」

語畢，兒子沒有帶一絲心眼地問我：「我同學也告訴我，以後你們死了，你們的財產就會是我跟弟弟的，是嗎？」

第一時間我幾乎震驚到無法言語，他們才多大的年紀而已？怎麼現在就盤算著父母的財產呢？

我沒有思考的時間，但我必須告訴他這個觀念是錯誤的，於是當機立斷告訴他：「不是這樣，我的錢跟爸爸的錢都是我們辛辛苦苦賺來的，所以你們長大有能力賺錢之後，就不能拿我們的錢；而你們將來賺的錢也會是你們自己的，我也不會拿。」

那一刻開始，我認為教育孩子應該立即展開——不能讓他們覺得家裏有地方住、有東西吃，都是理所當然，因為當有一天理所當然不再，這孩子受了苦，就會埋怨我們。

凡事不是理所當然

小兒子一出生就有異位性皮膚炎，黑眼圈很嚴重，鼻子老是在過敏，大兒子雖然沒有弟弟嚴重，但一大早聽到他狂打噴嚏的聲響，就知道他肯定是起床了。

臺灣因為環境與潮溼的關係，近年來過敏兒愈來愈多，我尋尋覓覓了許多方式，後來發現最有用的就是讓他們服用益生菌，並在家裏不同空間都放置空氣清淨機，才讓他們過敏的症狀稍微好轉。

一開始我不懂怎麼挑益生菌，以為國外的月亮就比較圓，生技產品也應該是德國、比利時或是日本的才好，但是怎麼吃也不見效。後來有人告訴我，要挑就要挑臺灣的益生菌，因為那是「因地制宜」所研發出來的菌種，針對臺灣人的體質特別契合，「淨斯菌草益生菌」就是不錯的選擇。

一臺空氣清淨機不便宜，每年都還有耗材的支出；而天天服用的益生菌，加總起來更是需要一些預算，但我就像天下的父母，希望可以盡己所能給孩子最好的。不過這可不代表我同意他們揮霍無度。

有一天在學校，大兒子的同學跑過來問他：「我聽說你們家很有錢耶！是真的嗎？」

他回家後，滿頭問號地問我：「媽媽，同學說我們家很有錢，是真的嗎？」

「他誤會了，我們家只是小康，以後人家問你，你就說我們家沒有很有錢，只是小康而已，報紙都是亂說的。」聽我這麼說，他似懂非懂地點點頭。

其實同學這樣說，他當下也覺得很疑惑，甚至沒有辦法附和同學的說法，因為自他們小時候開始，我們就用行動告訴他們，我們確實衣食無虞，但是也沒有太奢侈的生活。

例如，平常我們是不給孩子零用錢的，他如果想買個小點心，或者有觀望很久的玩具，都得自掏腰包，而他們的收入來源，就是做家事。我們家有一張「家事價目表」，上頭清清楚楚、明明白白條列寫著：「擦桌子，二十元；洗碗，二十元；拖地，三十元；晾衣服，五十元；洗廁所，二十元；幫長輩按摩一小時，五十元。」

家事還不是隨時隨地想做就有得做，如果被我們做完了，他們就少了可以賺錢的機會；因此想賺零用錢，還得要積極、搶著做事呢！

我先生雖然從小在經濟無虞的家庭長大，但是他也非常支持我的做法。有時候我覺得，我們兩個雖然在不同的環境背景下長大，卻能如此合拍的原因，就是因為先生是一個相當樸實的人，他非常節儉，錢總是花在刀口上。

有時候我們會跟其他家庭出去玩，常常看到其他家庭在吃自助式早餐的時候，總是將食物堆得快滿出盤子來，但在吃飽之後，卻發現他們盤中的食物還剩下大半。先生每每看見都不是很開心，還會直接把他們的餐盤拿到自己面前來，說：「怎麼可以這樣浪費食物？我幫你們吃！」

隔天起，他就會雞婆在大家盛盤之前，善意地提醒：「吃多少、拿多少。」

當我們的孩子年紀還小，需要照顧以及無法分辨好人壞人、無法獨立應對人事物的時候，我們出國玩時，會帶著他們一起坐商務艙，但是當他們長大到能夠獨立應對一些事情的時候，我們自己坐商務艙，卻會幫他們買經濟艙的機票。

那回，我們跟幾個家庭出去旅行，所有的家庭不管孩子大或小，都是訂商務艙機位，一團數十人，只有我家兩個兒子孤零零地被安排在經濟艙。當時他們就很憤慨地問我：「為什麼我們是坐經濟艙？」

「因為商務艙不夠，座位有限。」我簡短地如此回答。

但這個答案顯然無法讓他們滿意，「那為什麼以前我們可以坐商務艙，現在卻坐經濟艙？」

「那是因為以前你們還小，現在你們長大了。」

「那我們什麼時候才可以再坐回商務艙？」

我輕嘆口氣，或許是該多花一些時間跟他們說清楚、講明白了。「等你們賺錢的那一刻開始，你要坐頭等艙都可以。爸爸、媽媽帶你們出來玩，沒收你們旅費、沒讓你們坐廉價航空就很不錯了！」

我慎重地告訴他們：「我可以照顧你們，但不可能給你們奢侈的生活，你們早點知道比較好。」

當我們帶孩子們去到迪士尼時，眼見其他家庭的小孩狂掃架上的商品，而我卻依舊堅持自己的原則，「你們只能買一個。」

理所當然，又收到了怨懟的眼神，「為什麼？」

「我們家的規定。」

「誰規定的？」這個問題問得真好，畢竟我還沒寫在陳家家訓上呢！

我回答：「你媽，我。你可以選擇不買，或是只買一個，沒有全部都買的選項。」

對我而言，我願意滿足他們小小的心願，但若是全部依了他們，買下那麼多玩具，最後也只會換來不珍惜而已。

還記得為了要幫女兒過五歲生日，我們挑了一個連假，帶三個孩子一起到上海迪士尼度假，並選擇在迪士尼樂園裏的飯店住上一晚。當時小兒子就問我們：

「這裏這麼好玩，為什麼只住一個晚上？」

我見機不可失，剛好可以來個機會教育，於是跟他說：「因為很貴，我們預算不夠，所以只能住一個晚上。」

多年來的教育總算有些回報。只見小兒子一臉驚訝，接著很快就換上心滿意足的表情，對著我跟先生說：「謝謝爸爸、媽媽願意帶我們來這裏玩。」

呵護小小的善念

我們是心甘情願的付出，但是小孩子不能夠認為這是理所當然。在經濟教育上費煞一番苦心，是因為我希望他們從小就能懂，也希望他們從小就能有一顆感恩的心，因為世界上不是所有的家庭都能如此衣食無虞。

我常跟孩子們說：「我真羨慕你們，你們很幸運，因為你們有很努力工作的爸爸、媽媽。」一人往往都會看不見自己擁有什麼，只看見自己沒有的，所以我在他們很小的時候，就經常與他們分享一些社會暗角的故事，也期待身處於優渥環境的他們，能保有慈悲心。

二○一六年臺南發生大地震，大樓倒了，死傷人數眾多，當時正值過年期間，看著新聞的畫面，我們都萬般不捨。當時大兒子才國小二、三年級，他跑來告訴我：「媽媽，我想把自己的零用錢捐給地震受災的人，要怎麼捐？」

他有這分心，我非常感動，我知道捐款有很多種方式，也大可以替他把錢捐出去，但是我不想什麼事情都幫他做得好好的，我情願多花一些時間，教他們該如何捐款，以後他們自己也能去捐。

於是我告訴他：「便利商店就可以捐款了，你進去之後，就問店員要怎麼操作機器，他們會教你。」

我陪著他走去便利商店，但是我只讓他一個人進去，自己躲在外頭默默關心。我看見從小就知道工作辛苦、賺錢不容易，因此也視錢如命的他，捏著好不容易又是按摩、又是掃地賺來的六百元，鼓足了堅定的意志，走向店員，詢問機器捐款的操作。

店員既驚訝又好心地帶著他到機器前面，示範給他看，這時有個到便利商店採購的女士，看到這一幕，感動地直說：「你這個小孩怎麼那麼乖？你念哪個學校？哪一個班級？我一定要跟你的校長講！」

那位女士不僅用力讚美了兒子一番，甚至還請他吃小點心，並且還真的去告訴了學校校長，大兒子就因為這樣還上臺接受表揚呢！

老大有一顆柔軟的心，老二當然也不遑多讓。有時候如果帶他出門，在街上看到路邊的婆婆在賣口香糖或是玉蘭花，他就會去買，若手上沒有錢，就會先跟我借錢。

我知道他想幫助對方，於是乘機告訴他：「你拿一百元去買，但一定要拿回一條口香糖或是一串玉蘭花，他們需要幫助，但是他們不是乞丐，如果只給他們錢，不拿他們販售的物品，他們也不會開心的。」

偶爾，看到冷清的店面坐著老人家枯等著客人上門，明明肚子不餓的他，也會指著老人家顧守的包子店對我說：「媽媽，我肚子餓了，好想要吃包子！」

我內心大喊：「才怪，你這個不愛吃飯的小孩，根本不喜歡吃包子！」但是這個善意的謊言，我樂於不戳破，開心地從錢包掏出一些錢給他去買包子，因為我珍惜他小小年紀，就有這一分善良的心。

我會帶孩子們去銀行，教他們怎麼存錢，「你們如果想存錢，就放在銀行，以後你們可以自己決定要將存的錢捐給哪一個需要幫助的人。」

我刻意不告訴他們存錢是為了買自己想要的東西，而是說捐給別人，我知道這樣的教育或許有些刻意，也不知道這麼做是不是會成功，但我會繼續這麼做，因為我希望孩子們以後會是既懂得珍惜，又懂得付出的人。

林世航營養師解析：益生菌

益生菌不是必要性的產品，但是它可以被選擇。最近三、五年來，腸道科學一直被發掘與研究，所以很多人都說益生菌很好，但事實上每個人適合的菌種都不太一樣。甚至有學者提出想法——益生菌不該被叫做益生菌，因為在沒有良好的生活與飲食習慣之下，益生菌反而會侵蝕腸道細胞，如此一來，益生菌還是益生菌嗎？

因此除了自身要有良好的生活與飲食習慣之外，在益生菌的挑選上，建議慎選廠商，業者能否提出商品對人體有益的證據或實驗，是選擇的要項。

益生菌功效首先與腸胃道的改善有關，再者對於免疫調節有幫助，但不是每個人吃都有效，建議可以嘗試看看，如果有效就是有效，沒有效用的話，也不必再花冤枉錢。

翻轉命運的機會

忘了那是國小幾年級，只記得我又盼到學校一年一度的旅遊，不同的是，這次隨著家中手足年紀漸長，能參加旅遊的小孩變多，那年我們家就報名三個。

為了支付旅遊的費用，媽媽幾乎掏空了身邊的存款，因此我們三個雖然得以去旅遊，但是臨行前一天，我們的包包卻是空的，裏面沒有糖果、沒有餅乾，頂多只能帶上一條洗得乾淨無瑕的手帕。

我們都知道家裏經濟不好，三個孩子不敢說什麼，但臉上的失望是騙不了人的。那天晚上吃完飯，媽媽整理好所有家務，就安安靜靜地獨自走出家門，回來時告訴我們：「放心，明天早上就會有糖果餅乾了。」

隔天一早，媽媽比我們都還要早起，從雜貨店回來的她，提著一大袋琳瑯滿目的零食，細心地幫我們裝入包包裏。可是我的心情卻一點也興奮不起來，因為當我提起包包，再轉過頭時，看到父親已經拿著棍子站在一旁了。見我的眼神與他對上，他揮揮手趕我們出發，說：「你們趕快把餅乾糖果帶著，去學校吧！」

他的語氣是冷的，散發出來的氛圍殺氣騰騰。

我們嚇壞了，連滾帶爬地衝出家門。即使是我最愛的郊遊，我卻沒有一絲快樂，一路上我都在擔心母親，沿路的風景也不再美麗。

回家以後，我看到母親躺在床上，忍不住就大哭了起來，連僅存的一絲好心情都煙消雲散。

我又氣又心疼，其實長大之後每一次跟母親冷戰，大多都是因為心疼她，我的性格叛逆，脾氣一來想說什麼就說什麼，最常問她的一句話就是：「為什麼你還不走？為什麼你還不離開他？」

那個年代沒有《家庭暴力防治法》，日後這項法令的設置與完整，是多少臺灣阿信犧牲生命與自由換來的。

小時候我最常被父親威脅的一句話就是：「你再這樣，我就把你送進孤兒院！」

我常常告訴大姊，「他不用恐嚇我，就直接把我送進孤兒院吧！我在孤兒院或許還會生活得比在這個家好。」

每當我因為家裏的不幸福感而陷入鬱悶情緒時，總憤恨地想著：「為什麼你們要把我生下來？」

誰能相信，一個才國小年紀的孩子，最大的願望竟是住進孤兒院。

爆米花與礦泉水

是夢，但我不知道。我非常恐懼，獨自一人處於黑暗寂靜的山路裏，四周彷彿隨時都會跳出無名的東西把我吞噬得一乾二淨，恐慌與無助包圍著我。

小的時候常常做這樣的夢，我對分崩離析的家庭感到不安，對這個無情冷漠的社會感到害怕，我不相信任何人能來拯救我，朋友寥寥可數。

現在每天一睜開眼，我都很安慰自己在一張舒適的大床與溫厚的棉被中醒來，身旁有著誓言守護我一生的男人，門外的其他房間裏，還有我的三個寶貝。我常常提醒自己，現在的生活已經跟四十年前不再相同，但我也告訴自己，現在的社會依舊有很多如同我當年那樣處境的孩子亟需援助。

「為什麼要把我生下來？」我相信在社會暗角之中，有很多孩子跟當初的我有一樣的想法。只是他們默默噤語，因為沒有人知道他們處於什麼樣的環境跟生活方式，他們也不知道該向誰說？

當了藝人之後，開始有一些公益活動的邀約。曾經我與賽珍珠基金會一同前往案家家訪，那是一個外配家庭，父親擔任保全，每個月的收入光是要支出房租、水電，就已經去掉大半了，一家四口只能省吃儉用，住在骯髒不堪、雜物四散的集體住宅，小小的客廳沒有多餘的家具，卻也只能容納三個大人站著說話。

我看著兩個長相漂亮可愛的小孩，心裏想著：「為什麼繁華的臺北市還有這樣的環境？小孩怎麼能在這樣的環境中長大？」

多麼可怕以及令人無奈的場景，但這只是眾多待援家庭的其中一戶。

馬兒一落地就會跑，牛羊一落地就會走，獨獨人類的孩子，需要在照顧之下才得以存活，小孩就是如此地無助。因此我常常幫助一些偏鄉小孩，希望可以透過一己之力，翻轉他們的命運。

有一次，一個記者朋友打電話給我，「太陽劇團要來臺灣表演，其中有一場是慈善演出，免費提供給孤兒院以及弱勢團體的孩子觀賞，我這裏有幾張票，你要不要帶家人一起去？」

我謝過他，並在約定好的日子帶著一家大小一同去觀賞。我們提早一些時間入座，身旁已經坐滿了小學學齡的孩子。

「爆米花、可樂、礦泉水。」叫賣點心與飲料的小姐聲聲呼喊著，我的孩子聽了，吵著要我幫他們買，出門在外時，我對零食的容忍度相對也會高一些，於是我抬起手，叫住了賣爆米花的小姐。

這手一抬、開口一叫，前面兩排孩子全都回過頭來看我。當時我才突然意識到：「對喔！這是慈善場，所以周遭的孩子都是弱勢團體的孩子，他們即使想吃，也沒有錢可以買。」於是我笑瞇瞇地看著他們，問：「你們想不想吃爆米花？阿姨買給你們好不好？」

他們的眼神，我太熟悉了。他們跟我的孩子截然不同，我的孩子看到陌生人會想跟對方聊天，但是出身弱勢家庭、沒有自信也沒有社交能力的孩子，一如小時候的我，不敢與別人的眼神交會。見我看著他們，他們一個個低下頭來，圓潤晶亮的雙眼，頓時黯淡。

我自己就是在不完整且弱勢的家庭中長大的，所以很能明白害怕社交、跟大人聊天的怯弱反應。於是我改變了方式，問他們：「你們是哪裏來的？」有一個孩子怯生生地回答：「我們是南投來的。」能獲得回應是好的開始，我再問：「你們有多少人？」

「大概三十個人。」

我笑了，「那好，那就兩個人一杯爆米花，一個人一瓶礦泉水。」我請賣爆米花的小姐幫我，一一將爆米花以及礦泉水交到孩子們手中。我看見他們抿著嘴，既不好意思又期待地接過爆米花和水，原本安靜有秩序的氛圍，交雜著一股難以置信的雀躍。

這時，我眼角望見遠遠的有一對夫婦在跟我揮手致意，原來是這群孩子的帶隊老師。

離開演還有一段時間，於是我跟這對老師聊了一下，這才知道這群小孩的身分。老師說，他們在南投親愛國小教書，那是一個靠近奧萬大的美麗山城，住民純樸親切，大多都是賽德克族與泰雅族人的原鄉部落，「我們去家訪時發現，很多孩子的家幾乎都不完整，家徒四壁、單親、沒飯吃、無力繳出學費的孩子比比皆是。」

一分不捨油然而生，他們開始把孩子一個個「撿」回家，供吃供住，現在住在他們家的大約有六十位學生，若細數這麼多年來，來來去去的孩子高達上百人。為了安頓這些孩子，他們還貸款七百五十萬買了一棟四層樓的透天厝，一樓是客廳與廚房，二樓是男生的寢室，三樓是女生寢室，大家統一打地鋪，除了睡覺時間之外，被子捲起來靠牆角，寬廣的空間就是他們的音樂練習室。

「我們教他們做小提琴、拉小提琴。」陳珮文老師與她的先生王子建老師，臉上有著如同孩子般單純的笑容，以及無邪的眼神。為何要教山地的孩子拉琴？他們笑著說：「這些孩子多半是原住民，天生音感就好，藉著拉琴，他們反而能找回在課業上以及在生活中所缺乏的自信，而且藉由巡迴表演，也能讓他們自力更生。」

我這才知道，這群孩子雖然寄居在兩位老師的家中，但是因為他們會拉琴，一場場巡迴演出也替他們自己賺取生活費與學費。兩位老師笑說，這趟受邀來看太陽劇團的演出，雖然門票是免費的，但是車錢卻得自己負擔，「為了上來臺北看表演，他們足足撿了一個星期的資源回收才賺到車資呢！」

表演快要開始了，我與兩位老師話別，帶著滿滿的感動回到自己的座位上，直到演出進行，心裏的悸動遲遲未散，這兩位老師是這群孩子的光，他們用小提琴翻轉了這些孩子的命運。

當時的我不曉得，我跟親愛愛樂弦樂團的因緣線，沒有因為這場表演結束而完結。兩年後，我接到公視《誰來晚餐》節目的通告邀約，表示南投親愛國小的陳珮文老師指名要找我，當時我早已經忘記了親愛愛樂，也忘了老師的名字，我接下通告，心裏卻納悶地想：「這人是誰？怎麼想找我呢？」

直到見了人，我才想起來，他們不正是兩年前那群孩子和老師嗎？

這頓晚餐，也讓我實地參訪了他們的家，看見他們練琴的狀況。

我的孩子也在練小提琴，我知道，練琴需要一個四周都安靜的環境，因為孩子必須要專注在音感的訓練上，可是親愛愛樂的孩子哪裏有安靜的空間？一方打地鋪的寢室就是他們的練習空間，他們各自拉著琴，空間中充斥著旋律。

但是誰能想到，這群孩子不需要看譜、自己編曲，並在二〇一七年維也納青少年音樂節大賽中，以懸殊的分數、令人驚豔的表現，打敗來自世界各地的弦樂團，拿下世界冠軍的寶座！

然而細細聆聽每個孩子的成長背景，都讓我鼻酸落淚。有一個孩子父母雙亡，靠著爺爺拉拔長大，無奈爺爺中風倒下，房子又要被法院法拍；還有孩子從小父母就不在，由親戚收養，不僅愛說謊也喜歡捉弄同學，小小年紀就翹家逃課，親戚甚至一度還想帶他去看精神科……

他們來自於生活環境不完整的家庭，但是在音樂跟兩位老師的帶領之下，逐漸找到自己賴以發光的舞臺，從此人生開始變得不一樣。而我也在這次的晚餐之後，密切地與他們互動。

接受愛也傳遞愛

有一回親愛愛樂籌辦售票音樂會，但是因為沒有經驗，因此售票並不理想。當時我買下四百張門票分送給親朋好友，還在好友群組中請朋友們幫忙、透過臉書發送相關訊息，很快的，才一個晚上，票全部都賣完了！

當時內心萬般激動，其實臺灣還是很有人情味的，只是需要有人牽線，讓有心人看見需要幫助的社會暗角。

有能力的人出手幫助，但令人欣慰的是，親愛愛樂也設法在稍微寬裕的時候，運用自己的力量去幫助別人。

在臺東知本，人稱「陳爸」的陳俊朗也跟親愛愛樂的兩位老師一樣，撿了很多孩子回家。

陳爸年輕時曾是不良少年，後來為了兩個孩子的成長，他金盆洗手，回到故鄉定居。在準備書記官考試的閒暇時間，他在庭院中說故事給兩個小孩聽，說著說著，他發現牆外竟然竄出了幾個小頭，他熱情地招呼那些好奇的孩子，要他們進來一起聽故事。

相處過程中，他發現這群孩子的家庭背景並不完整，於是開始伸出援手，除了念故事之外，也煮飯給孩子們吃，面對無家可歸的孩子，他就收容他們住進自己的家。會如此大愛，陳爸坦言他想起自己的過往，「像這樣被學校跟家庭忽視的孩子，如果不拉他們一把，未來他們就會跟以前的我一樣，走上歧途。」

漸漸地，孩子愈撿愈多，他找了一些朋友，出錢出力租了一間兩層樓的房子，「孩子的書屋」成立之後，陳爸的日子也愈來愈忙碌，因為他要募款、找資源，替這些孩子鋪出一條通往未來的路。

當親愛愛樂知道「孩子的書屋」之後，大為吃驚，「竟然還有人比我們更拮据！」於是他們舉辦了一場巡迴演出，演出所得扣除成本，全數捐給「孩子的書屋」。

我聽了之後覺得萬分感動，他們接受愛，也傳遞愛，用他們自己的力量自助，也幫助別人。

我常常告訴自己，要感謝那些因為我的成長背景而歧視過我的人，是他們給了我奮發向上的原動力。我在做公益的時候，也常常勉勵這些孩子：「未來的世界最有能力做事情的人，就是曾經吃苦的小孩，因為從困難環境中長大的孩子，一定有志氣，具有突破黑暗的能力！」

阿波羅與他的琴

提起弦樂器，不得不說起希臘神話中的阿波羅。

阿波羅最為人所知的身分是太陽神。其實他也同時掌管著音樂、醫藥、詩、射箭與預言，是一位多才多藝的神祇，尤其在音樂方面，具有極高的天賦。阿波羅的典型形象，是左手拿著象徵太陽的金球，右手拿著七弦里拉琴，據說他只要開始撥弄那把琴，憂愁的人會因此得到快樂、奔騰的河流會忘卻流動、凶猛的野獸會變得溫馴，而勞動的人們會因此變得精神飽滿、力大無窮！

有人說，阿波羅的七弦琴是所有弦樂器的鼻祖。現在我們所看到的大小提琴、豎琴、吉他等弦樂器，都是由這把七弦琴演變而來。

串起珍珠的線

身為公眾人物，我的一舉一動透過媒體被攤在陽光之下，從事公益活動，也常獲媒體朋友的青睞，隨之而來的，除了正面的肯定之外，有一陣子卻也因此深受困擾。

不少「有心」人士透過臉書聯繫到我，有人直接問我：「我缺錢，可以借我五十萬元嗎？」還有人獅子大開口，一要就是八十萬，他的理由竟是：「我的信用貸款下不來，如果你願意借我，我的身分證和信用卡都可以抵押。」甚至還非常用心地製作一份還款計畫書呢！

我雖然傻眼，但還是用心回應，告訴他：「我的善款是針對獨居老人跟弱勢孩童，對於您的請求，恕我無法答應，但我相信天助自助者。」

曾聽過這樣一個故事——

美國一位鄉下學校的老師寫信給汽車公司會長：「我們學校需要一架鋼琴，

懇請您資助。」不久老師收到了一百元。

一百元當然無法購買一架鋼琴，但是老師不怪會長小氣也不沮喪，拿這一百美元購買了花生種子，和學生們一起在學校栽種。

接連幾年花生收成大好，獲得一筆利潤，學校終於買了一架鋼琴。

老師將感謝信及收成的花生寄給會長，信中提到：「我用會長的一百元購買花生種子，讓學生上了一堂園藝課，花生收成好、賣了好價錢，我們已經買下一架鋼琴，非常感謝您的資助。」

很快地會長回信了，同時附上高額捐款支票。信上寫著：「我要向您致敬，您是一位可敬的老師。過去要我資助的人很多，不少人埋怨我只給小小金額，甚至不屑一顧。但是，您的作為讓我完全改觀，我深受感動。信裏附上支票，請做為學校基金。日後若有需要補助，請您盡量申請，我都樂意奉獻。」

或許很多人認為，演藝人員收入豐厚，加上我覓得良緣，夫家家境不錯，因此口袋應該夠深、夠厚。其實我手邊的錢都是自己賺來的辛苦錢，平時用錢謹慎，並不奢侈，更不可能隨意亂撒；做公益是我對年少時的刻苦記憶延伸出來的心願，因此每一分善款都必須要花在刀口上。

我並非天下第一富，對比社會上救助不完的暗角，其實也常懊惱自己的能力怎會如此有限？但幸運的是，我是一個公眾人物，我的名氣可以成為穿針引線的那一道光。

二手衣義賣捐公益

我們家從不缺當季蔬菜水果，都是一籃一籃，從山上新鮮直送到府，卻一毛錢也沒花。敏豆季節就寄來兩大箱敏豆，柿子季節就收到八箱柿子，水蜜桃季節還曾經有過十箱水蜜桃送上門的紀錄，前幾年高麗菜價格正貴的時候，也是毫不客氣地送來整整一籃，這年冬天白蘿蔔盛產，滿滿兩大籃就擱在廚房口，讓我勤快地上網蒐集蘿蔔糕食譜，挽起袖子做出一塊塊白嫩蘿蔔糕。

這些都是山上原民部落居民的好意，表達他們內心的感謝。

我剛懷第一胎的時候，正巧北原山貓樂團來上節目，知道我婚後馬上有喜，除了替我感到開心，熱情大方的原住民吳廷宏還拍胸脯對我說：「等你生了，我一定送上豐厚的補品，好好替你補一補！」

他果真說到做到，時隔多月，我生了大兒子，當時人還在月子就接到婆婆來電，語氣相當驚訝，直說：「我們家收到山上寄來的好多東西，說是要給你坐月子的，這數量好多啊！」

別人對我的好，我定是湧泉相報。於是出了月子中心之後，我打了電話給吳廷宏老師，當時正逢歲末年終，閒談間老師告訴我，山上很多孩子過得辛苦，這個年恐怕是很難過了……

我一聽，心想：「小時候沒有被父母愛足夠的孩子，內心永遠感到遺憾，所以我天天說愛，時時擁抱孩子，務求孩子能在滿滿的愛中成長，想到這世上還有那麼多孩子無法擁有父母的愛，內心就非常傷痛，希望能夠盡自己的力量去幫助他們。這正是我能回報的時候。」於是二話不說就告訴他：「老師，有我幫得上忙的地方嗎？您儘管說！」

從那個時候開始，參與的公益活動又多了一項，就是在年終之際，送上一些物資，幫助山上的孩子與家庭度過一個好年。

一開始，我號召好姊妹們一起來做善事，但到了第二年，我想這會不會帶給她們壓力呢？因為我開口了，她們即使想拒絕，也不好意思吧……於是那一年，我轉而向先生與婆婆募款，也獲得他們大力支持。

後來我又想，這個計畫肯定是要辦得長長久久的，每年東湊一個、西募一個也不是辦法，應該要有所規畫才行。當時與好姊妹賈永婕聊起此事，常常投入公益的她便提起，她也想長期募款幫助屏東的棄嬰協會。我們兩個想了想，最後想了一個主意，「藝人們因為要上通告，常常需要添購新衣，但穿過了就不適合再穿，不如物盡其用拿出來義賣，所得用來捐助公益，一舉兩得！」

就這樣，我跟永婕的二手衣物義賣，在每年的十二月底、一月初左右舉辦，直到今年，已經是第五個年頭。義賣衣服的價格大多落在五百至一千，有些上萬的名牌包包甚至開價不到三千元，就是希望以低價吸引更多人購買。

第一年舉辦義賣時，我好擔心，前一天還緊張到睡不著覺，就怕翌日現場一片空蕩蕩，一件衣服也賣不出去，加上當時天氣又冷，一定更沒有人願意出門……但是我多慮了，十一點才開賣，九點多就已經排了長長的人龍在外等待了。

每年義賣的收入分成兩筆，一筆由永婕捐給棄嬰協會，另一筆則由我送到吳廷宏老師的部落，協助低收入戶的孩子與弱勢家庭好過冬。吳老師相當用心，為了證明物資確實交到需要的人手上，都會回傳照片給我，然而看了那些照片，我總是禁不住鼻酸。

在寒冬的山上，孩子穿著短衣短褲與拖鞋站在床頭，而床上躺的是他生了重病的父親。還有一位九十七歲的老人家，每年物資要送到他家，得集結原住民壯丁，翻過一座山，才能將那幾包米、麵條以及油扛過去給他……

看到這些照片，我常常不由得自責了起來，「他們那麼苦，但是為什麼我能做的那麼少？」

但是我也心存感謝，五年來，響應我跟永婕的二手衣義賣活動的人愈來愈多，除了我跟永婕之外，姊妹淘、鄰居，甚至是婆婆都鼎力相助，清出一批既新穎又漂亮還摺疊熨燙過的衣物提供義賣，如此讓每一年的義賣金額獲得不錯的成績。

感謝大家情義相挺

有一天，朋友傳來一則訊息，那是汐止的一位有心人劉先生，他眼見許多弱勢家庭的孩子，在寒暑假期間沒有營養午餐可以吃，三餐不濟，因此經營自助餐的他，主動提供便當給孩子以及他們的家人。

另一方面，他擔心這些孩子沒有安全的環境可以好好學習，所以他的心願就是成立一間課培中心，希望孩子放學之後不僅有地方可以寫作業，也有晚餐可以吃。於是，他咬牙將自助餐店前面的兩百坪空間承租下來，並對外募款。

我看了訊息之後，決定奉獻一己之力，但是一間課培中心需要的支援實在太多，我能幫助的相當有限。此時此刻，我想到了我最親密的公益戰友——婆婆。說來慚愧，我總是把自己身邊的錢捐完之後，聽到一些悲傷的故事，就又想替他們做些什麼，因此常常一把鼻涕一把眼淚地找婆婆，哭著跟她說：「媽，我又聽到一個好可憐的故事，您可不可以幫幫他們……」

而婆婆每一次給我的回應，都足以讓我歡天喜地地收起眼淚。

婆婆擁有一顆柔軟的心，也讓她獲得了老天的回報。去年暑假，她跟公公去歐洲旅行，一不小心在樓梯上跌了一跤，一連滾了好幾階，當時大家都嚇壞了！老人家可禁不起摔，更何況是從樓梯上滾下來，但是奇蹟卻發生了，已經高齡七十八歲的她不僅毫髮無傷，甚至連一道瘀青也沒有！

她回來之後，拉著我說：「我要謝謝老天爺這樣眷顧我，這兒有一筆錢，我想捐給需要的人，你就幫我選個適當的地方捐出去吧！」

平常就樂善好施的她，一聽到課培中心的訊息時，二話不說問我：「那麼我可以幫忙做些什麼嗎？」

「您可以捐油漆費用嗎？」

婆婆點點頭，很快就拿出這筆錢交給我。不僅如此，幾天後，她跟台積電慈善基金會的張淑芬阿姨一起用餐，也跟她提到了這件事情，張阿姨也是二話不說主動伸出援手，幫忙打點師資以及各方面的捐助，讓課培中心在短短的時間內得以成立。

我常想，我一個人的力量或許有限，但是我能成為散播愛的種子。

有一年，我在因緣際會下認識了白玫瑰社會關懷協會，他們為性侵受害者與孩童安全致力不懈。該協會發現臺灣校園吸毒案件日益攀升，特別向美國引進毒品測試反應儀器，協助校園老師用更快的方式找出被引誘的孩子，以利及時挽救。這部儀器要價兩百萬元，協會負責人告訴我，他們下訂了，卻沒有足夠的經費，正在募款當中。

我的心告訴我，這個忙一定要幫，可是現實擺在眼前，手邊拿不出兩百萬元。

幸虧有願就有力，當時臺灣精品「夏姿．陳」邀請我擔任為期一週的慈善特賣大使，並詢問我，這次的清倉特賣會將會捐助一筆款項，「你覺得我們可以捐給誰？」我心裏一閃而過的，就是白玫瑰社會關懷協會了！

就這樣，順利募得款項捐助該協會，成功解決他們的難題。

我知道自己能力有限，但是願有多大，力就有多大，當你向宇宙下訂單的時候，全宇宙都會來幫忙。我有支援與資源，那就是藝人的公開身分，這在慈善公益上確實取得了許多的關注。

當然我也要感謝身邊一群總是情義相挺的好姊妹。前一陣子，吳廷宏老師跟我說，他們部落唯一一個考上北一女的孩子，代表北一女籃球校隊打入全國前四強，將在臺北小巨蛋進行總決賽，這對部落人而言是極大的榮耀，希望可以集體到臺北替他們部落的孩子加油打氣。

「只可惜，火車票也貴、高鐵票更貴，最便宜的就是一起租遊覽車，但是要租一部遊覽車的錢也是不便宜……」我在聚餐中的嘆息聲還沒有到盡頭，姊妹淘徐子喬二話不說立刻拿起手機匯了一筆錢給我！

回想那位「有心人士」對我說的：「是不是我這裏沒有鎂光燈，所以你不願幫我？」我只能莞爾以對。

到了現在的年紀，我不需要搏版面，也不需要作秀，因為我既沒有要開演唱會，也沒有要開新節目。只是因為成長過程中，如人飲水冷暖自知，小小年紀就納悶地問老天爺：「活在世界上的意義是什麼？」因此當現在有了一些能力，就希望能多關注身邊需要幫助的人，如此而已。

我一人的力量有限，但是我知道，自己將會是那條串起珍珠的線，將一顆顆有愛的心串連起來，點滴之愛，終將匯聚成河。

林世航營養師解析：蘿蔔

白蘿蔔含有豐富的膳食纖維，水分也多，以營養學的觀點而言，沒有不適合吃的人。只是剛動過腸胃道手術的病人，膳食纖維會造成腸胃負擔，因此建議暫時不要食用，直到復原之後再吃。

至於食用時要不要削皮？至今有兩派說法。有人認為各種蔬果的皮營養成分最高，確實沒有錯，以蘋果為例，每百克的多酚類果皮遠高於果肉。可是果皮只有一點點，以總量來說，加總起來的營養成分還是不如全部的果肉！

想念一個朋友

高中就讀園藝科，時常會在實作中發現有趣的故事。

當時學校有一座農場，園藝科的學生常常在農場種些蔬菜水果。有一學期，老師在過年前帶著我們種白蘿蔔，他說蘿蔔長得很快，過年後回來就可以收成了。

我們翻土、撒種，不多久，蘿蔔的幼苗迅速竄了出來。

「好了，今天我們要疏苗，如果一個洞裏面長了五株，就把四株拔掉，留下一株就好。」老師邊說邊做，「這樣剩下來的那一株才能長得好。」

我蹲在泥土地上，看著這些蘿蔔幼苗，覺得可愛極了，一想到要將大多數的幼苗拔除，心裏湧現一股不忍，天真地想：「如果我連土帶根把原本要丟棄的苗，移植到隔壁的田地去，那過年後不就可以多收成一些蘿蔔了嗎？」我喜孜孜地將腦中的想法落實，扎扎實實地做好移植的每一個動作。

結果下次再去，那些移植的蘿蔔苗全死了，連一株都沒能活下來。老師看了只是笑笑，乘機機會教育，說：「白蘿蔔是直根系作物，不能移植的，它原本在哪裏冒出芽來，就得在那裏才能活，即使連土帶根移植也不容易存活。」

當時我聽得似懂非懂，心裏只有個好笑的想法：「蘿蔔……還真是戀家呢！」

一起學一起玩

我們家的廚房今天依舊熱鬧，一如往常的週末假日，充斥著孩子們的笑鬧聲。除了我的兒女之外，另外兩個孩子是我們家的常客，有好一段時間，每逢週末假日他們都會來我家。

今天我讓他們學會包水餃，先是用麵粉加水做麵團，光是揉麵團就可以讓他們玩上很久。每個孩子除了雙手，臉上、身上不免都沾上一些乾掉的麵粉，才代表他們認真在玩。

我在大餐桌上鋪上一層保鮮膜，讓他們盡情地揮灑麵粉，也消耗一下週末假日充沛的體力。

麵團被揉得光亮成形之後，我再教他們把麵團擀開，再拿來圓口的杯子，用力地在麵皮上左右一轉，一張水餃皮就成形了！

在他們忙著擀水餃皮時，我在廚房的另一頭，用切碎的高麗菜、香菇與冬粉，拌一點香油與調味料做水餃餡。他們各自發揮創意，包餡、封口全憑本事，做出來的水餃奇形怪狀，有長的、有圓的，我們也包玫瑰餃，將幾張皮鋪疊在一起，包進內餡再捲起來，就成了玫瑰花的樣子。

光是包水餃，他們就能開心地玩上一整個下午，每一個步驟都有著屬於孩子最稀奇的發想。

笑聲，從兩個孩子的口中傳來，我心裏既安慰又難受，想著他們的母親，不過三年多前，也是伴在我身旁的姊妹淘之一。我們從未一起包過餃子，可是我們總是倚著真心，陪著對方度過生活的歡樂與悲傷，例如，她的抗癌之路。

她是我見過最熱愛工作的女人了，在香港金融界衝刺的她，有著令人不容忽視的女強人氣質，即使在結婚、生養小孩之後，她也依舊如婚前那樣，週一至週五飛往香港扛起客戶交付給她的責任，週末再飛回臺灣與先生、小孩團聚。

為了讓他們夫妻多些相處的時光，也為了不讓忙於工作的她，煩惱週末該給孩子怎樣的規畫，常常我的孩子做什麼，他們家的孩子就跟著一起學、一起玩。他們一起學籃球、一起上繪畫班，是彼此之間最要好的朋友，就如同我跟他們的母親一樣。

抗議也沒有用

還記得我跟她認識的那天，是一場私人飯局。當時先生的好朋友和我們約了吃飯，單身好一陣子的他掩不住喜悅，又帶點神祕兮兮的口氣跟我們說：「今天我要跟你們介紹一個人，我的女朋友。」

那晚她出現時，在演藝圈看過不少美女的我，也不禁眼睛為之一亮，她是那麼高挑美麗。我所認識的她，雖然非常有想法，卻不跋扈，唇頰上的神情與舉手投足之間是那般溫柔體貼，她跟我一樣是天蠍座，我們想法一致、觀點一樣，很快就成為志同道合的貼心閨蜜。

我看著他們甜蜜交往、步入禮堂，接連生育了兩個女孩，長得跟她一樣漂亮可人。但是，又高又瘦又白的她卻不是白蘿蔔，沒有那麼戀家，即使有了孩子，依舊維持著臺灣、香港兩邊跑的日子。

有一天她從香港打電話給我，話語中藏不住憂慮，「我覺得身體好像有狀況……」她說，每天吃完午餐回公司的路途上，有一道斜坡，好幾次她都差點走到要昏倒，她不是一個體力不好的人，但那一陣子，這道短短的小斜坡卻常常快要了她的命。每一次望著那道斜坡，她就會在心裏向上帝禱告：「請讓我撐過這個斜坡吧！」

她以為自己只是太累，香港金融業受全球經濟低迷的波及，她的壓力愈來愈大。直到上大號時出血，看著馬桶裏染了一缸血色，她才驚覺不妙。

那個週末，她坐上一如往常飛回臺灣的班機，下機之後，我人已經在那兒，準備陪她去醫院。當時我們協議好，先別對她先生說。

進了醫院，她進行了一連串的檢查，一開始醫師說：「是胃癌，可能要切掉近三分之二的胃，下週一即刻動手術，一刻也不能再拖下去了。」

那個時候她才四十歲不到，我所受到的驚訝不亞於她本人，但我仍強打起精神來，笑著安慰她：「這樣多好啊！胃變小了，吃的也會變少，順便減肥多好！我才想去動胃繞道手術呢！」

當我還在為自己的幽默鼓掌喝采時，醫護人員走了進來，在醫師的桌上多放了一份報告，翻著檔案、看著電腦傳來的即時訊息，醫師的臉色變得愈來愈難看，而他接下來說出口的字字句句，像是一把利刃，狠狠地戳得我們不知所措。

「可能不是胃癌……胃部有癌細胞沒錯，但那是轉移的一部分，我們在你的肺部以及腦部都發現癌細胞，但這三個地方的癌細胞都是從其他地方轉移來的。」

「怎麼可能？我兩年前才剛做完全身性的健康檢查而已。」像是在替自己的身體辯駁，她用幾乎支離破碎的聲音，向醫師提出抗議。

但這個抗議是沒有用的，最終醫師找出了主要病灶——這是這幾年成長非常快速，很常見於年輕女性身上的極惡性疾病，很不幸的她居然遇到了。

她驚嚇到人都快站不住，我只能下意識地扶住她，並用意志力撐住我自己也將癱軟的身子……同時來這麼多個癌症，我的腦袋一片空白，伶牙俐齒、反應快的我，一句安慰的話都再也想不出來。

倒是她，臉上掛著止不住的淚，抓著我要我給出承諾，「答應我，先別告訴我先生，我不知道他能不能承受住這個消息。」

這就是她，即使在自己最無助的時候，那分體貼的心依舊溫熱。

醫師說要化療，我們別無選擇地配合一切認為對她最好的治療方式。

第一次的化療效果很好，但醫師告訴我們：「第一次的效果一定會好，但之後就不一定了，癌細胞適應之後可能也會有反撲的情形。」

當時我們心裏都明白，醫師的話中有提醒，或許我們該準備好的，不是痊癒後的生活安頓，而是離去時的後續安排。

想哭也想她

她依舊臺灣、香港兩邊跑。她的責任心遠勝過一切，她每個客戶的資產都是以億起跳的，那時候金融業又正在大起大落的時候，她的壓力很大。

我唯一能幫她分擔解憂的，就是幫她照顧兩個孩子。

有一個星期她回來臺灣，特地跟朋友約了到我開設的親子餐廳用餐。那天客人多，我忙得不可開交，只能跟她小聊一會兒，即使因為化療的關係，她不得不戴上假髮，或許有些蒼白，但面容依舊精緻美麗。看我忙，她也不打擾我，離去時只向櫃檯交代一聲：「跟你們老闆娘說一聲，我先走了。」

我怎麼也想不到，那是我最後一次見她。

她當時告訴我，心臟有些不舒服，原本已經預約了臺灣醫院的心臟科檢查，但香港公司突然發生狀況，即使先生要她留下，她也只是搖搖頭，說：「不行，這件事情很嚴重，我一定要趕回去處理。」

她搭上了那一天的最後一班飛機，誰也沒想到，她會在那班飛機上走完人生的最後一程。她一向喜愛香港，也圓滿了自己想跟世界道別的方式。

三年過去了，至今我仍常常想起她，尤其逢年過節時更是思念，因為要是她在，中秋節時，一定會送來香港最好吃的月餅；端午時分，也總會到香港探尋好吃的粽子帶回來分享。這麼貼心的一個女孩子，再也回不來了。

只是我並沒有因此與她緣盡情了，我跟先生還是一如往常地與她先生碰面，我也還是一如以往地照顧她的孩子。有時候他先生出國工作，一去就是十天、半個月，體恤家裏只有老人家，我常常安排活動把兩個孩子帶出來，讓老人家可以喘口氣。素不相識的人都在幫了，最親近的朋友，更是我肩頭上的一分責任。

有一次，她的女兒們看著我，哭了，「我們好想媽媽。」

其實我也想哭，因為我也想她。

林世航營養師解析：水餃皮

人們在生活中接觸精緻類飲食，如白飯、白麵包、白麵條等，這類食物的營養價值不高，大多僅有澱粉和少量的蛋白質。飲食精緻化和高血壓、肥胖有一定的關聯性，市面上的水餃皮大多使用白麵粉，但也有不少店家推出全麥水餃皮，建議不妨取而代之。如此一來，不僅可以攝取到含量高的維生素B群，升醣指數也會相對低一些。

不過即使是好的食物，最終還是得回歸到總量，過量也不好。水餃皮雖然小小一張，但是大約十二張皮的熱量就接近一碗飯的熱量，餡料再加上去，很容易就在不知不覺當中熱量破表了！

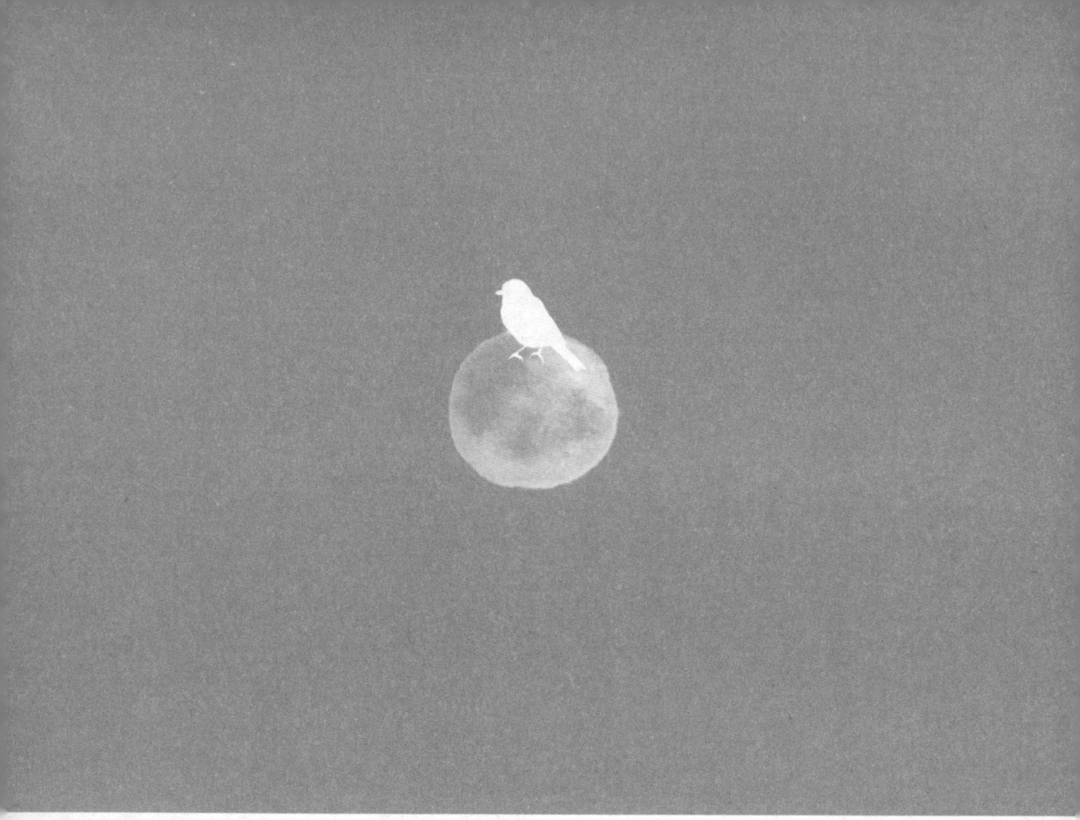

沒有人是不可替代的，
沒有東西是必須擁有的，
人生在世，先做該做的
事，才能做想做的事。
物質不能滿足心靈，多
讀書、多旅行、多交友，
才是心靈富足之道。

《陳家家訓第十一條》

【第五部】

時刻做好準備

人生即將奔五，參與過的告別式、葬禮不計其數，無論是中式、西式、佛教、基督教……大多都是淚眼相伴，有些更傳統的，還肅穆得令人心生恐懼。

我常常在想，如果今天自己是喪禮的主角，我會希望這是一場什麼模樣的告別式呢？答案很清楚，我希望來參加的人都是真心愛我的朋友。

我曾跟先生說：「你的告別式，我一定會幫你舉辦一個派對，因為你是那麼幽默的一個人，告別式不該讓人覺得恐怖。」

我很欣賞墨西哥人的告別式，他們歡天喜地地唱歌、跳舞，彷彿離開只是暫別罷了。一如佛教所言「往生」，肉體的離開，只是釋放靈魂到另一個大千世界去，想想也是一種美好的解脫，不是嗎？

人生來就是在等待死亡，我並不害怕死亡，但是我執著於過程，等到非要離開人世的那一天，我希望這段人生旅途，回想起來，覺得無憾且有意義。

經歷好朋友的離去，我常常在想：「她還那麼年輕就這麼走了，心裏有遺憾嗎？她的遺憾是什麼？」她這輩子，將最大的重心放在工作上面，這無關對錯，有人適合家庭，有人追求事業。

我希望自己離開的時候是沒有遺憾的——努力成為自己心裏想成為的那個人，而不是別人嘴巴裏的那個人。

我不想墮落，不想無情，想對這個世界充滿很多愛，我幫助弱勢族群，希望得以翻轉他們的命運。

我曾聽過一個故事。一個年僅十八歲青春年華的孩子出了車禍，被一部來不及煞車的摩托車硬生生撞上，他的母親趕到現場時，這個孩子才剛失去氣息，但是這位母親沒有哭天喊地，只是輕輕地靠在兒子耳邊，告訴他：「你不要怕，媽媽陪你，你現在跟著我念阿彌陀佛。」我想這位母親一定很早之前就有所準備了。

「你們只要記得媽媽以前有多麼愛你們就夠了。」我常常跟小孩這麼說，我希望他們不要對死亡懷有太多的恐懼，如果哪一天我將要離去，我希望他們不要哭哭啼啼，而是笑著回憶跟我在一起的每一段快樂時光。

珍藏複印本

有一天，慈友會的一位師姊在社群通訊軟體的群組上告訴大家，她將與國家圖書館的館長碰面，機會難得，有興趣的人可以一同前往。

我從來不知道有國家圖書館這單位，我知道有市立圖書館，有故宮，就是不知道還有國家圖書館，即使離我家那麼近。

我跟去了，想大開眼界，果然在館長親自導覽下，也沒令人失望。在那裏我甚至看到許多骨董書籍，一點也不輸給故宮的珍藏，其中，一本《金剛般若波羅蜜經》深深吸引我的目光。

「這是元朝時代的刻本。」館長向我們解釋，這本《金剛般若波羅蜜經》是玄奘大師取經回來之後，由鳩摩羅什擔綱翻譯，昭明太子添加分目，元朝思聰禪師註解的版本。跋文前有一幅「無聞和尚註經圖」，據說是思聰禪師在註經的時候出現許多祥瑞之象，「像是地上突然冒出了靈芝，或是浮現了兩朵雲彩」，於是思聰禪師一邊註解，一邊也把這些景象畫下來。

這部經本的價值，除了年代久遠，更是現存最早的雙色印刷經書。早年印刷技術多為單一色系，但是這本經書由紅色與黑色兩色組成，標題為紅，內容為黑，印刷師傅需要先印完一色，再縝密核對，將另一色印上，相當費時耗工。

雖然是幾百年前的古文物，但是這套經書沒有破損缺頁，保存完好。當我們驚訝於它的完整，館長笑盈盈地向我們解釋：「這是一九四九年國民政府撤退來臺時所帶來的。當時國圖有很多檜木做成的書櫃，既不會有蟲蛀，也不怕潮溼，所以書籍被放在裏面，被保存得特別好，也因此才在那樣一個資源短缺、技術不發達的年代下，得以保存很多珍貴書籍。」

那本經書我好喜歡，可惜是骨董，我既買不起，也沒得買。聽我這麼一說，館長似乎想起了什麼，說：「我們曾經跟聯經出版社一起針對這本《金剛般若波羅蜜經》出版了複印本，聽說已經絕版了，但或許還是可以去找一找。」

回家之後，我迫不及待跟先生分享這個訊息，而人生的緣分就是如此巧妙，先生正巧認識聯經出版社的人！不久之後，在市面上絕版的複印本，從聯經出版社的倉庫暗角被運往我們家。

我把這個消息放上網路，很多朋友也很喜歡，於是聯經出版社又再版，滿足收藏迷的欲望。

葬在櫻花樹下

我與佛教一向有緣，信仰帶領我走過無數人生的曲折。

在一個因緣際會下，我加入了慈友會，幾次機緣，由師姊帶領回到花蓮靜思精舍。精舍師父不接受供養，他們下田耕種、自給自足、手作販售，有一次我得以參觀師父們做手工皂的小工廠，看他們邊做，嘴上還邊誦念著〈楞嚴咒〉，把祝福注入產品中。

這又讓我想起多年前在演出舞臺劇時，李國修老師對我說的：「人一輩子只要做好一件事情，就算是功德圓滿了。」

即使只是一塊手工皂，師父們的用心與誠意卻是滿的。

佛教對我而言是美好而寧靜的，或許就是這一分信仰的支撐，面對無可避免的死亡，我並不害怕，也知道人生無常，時時刻刻都得做好準備。而公婆也跟我有一樣的想法。他們很多年前就問我們這群子媳，「我們正在找尋家族墓地，你們以後要不要跟我們放在一起？」

當時在餐桌上聽到這席話，我一口尚未吞下去的飯差點噎在喉頭，直說：「媽，我們身為晚輩，跟你們討論這個話題似乎有點奇怪……」

提起死亡，華人一向噤聲，認為不吉利，但我的公婆不這麼認為，因為對他們來說，及早做好準備，未來兒孫也不必替他們多憂愁煩惱。於是婆婆笑著對我說：「怎麼會呢？我們及早做好準備，你們遇到時，也不會不知道我們喜歡什麼、不喜歡什麼。」

婆婆的智慧再度讓我上了一課。而我也開始在想，未來我在終獲安息時，希望能以何種儀式、安頓在什麼樣的地方？

我告訴先生，我想樹葬，而且一定要葬在櫻花樹下。

還記得人生中第二次出國，是為了拍戲，那是臺視六點半檔的戲劇，名為《四月望雨》，描述作曲家鄧雨賢的一生。

在這部戲裏，我飾演一個日本人，當時劇組給我的酬勞實在微薄，一集不過兩千五百元，我在想：「天啊！這怎麼夠我過生活？」演戲的酬勞大多依角色不同、戲分多寡而有所差異，沒有臺詞的臨演、只有一兩句話的特別演員、超過兩句話的特別演員、比較常出現的基本演員以及男女配角、男女主角等都有不同的酬勞，當時兩千五百元幾乎接近基本演員的價碼，但我的角色是主角之一。

不過當時我也沒有猶豫太久。為求場景真切，劇組告訴我，我的戲分會特別飛到日本取景拍攝，因此雖然酬勞不高，我還是很開心地接下這檔戲，也因為這部戲，我第一次到日本，時值櫻花季，美不勝收的景象令人難忘，那分感動還留存至今。

若未來，可以在我最愛的櫻花樹下長眠，不也是一件很美好的事嗎？

緩解身體老化

雖然時刻在為死亡做準備，不過還正值壯年的我，也不允許自己輕易倒下。生完老二不久，某天我在幫他洗澡時，不過就是把他從澡盆中拎出來的動作，左後方的背部突然一陣刺痛，彷彿被人點穴般陷入動彈不得。我趕緊大叫先生，要他快點來接手抱小孩。

一陣折騰後，在先生的擔憂與攙扶之下，終於躺上了床。對於他的憂愁，我心裏的納悶勝過於恐懼，自恃身體不錯的我，這是怎麼了？耐心等待身體略可活動之後，我移動艱困的步伐，緩慢挪移去看醫師。醫師的診斷既迅速又有效率，他說我只是閃到腰而已，打個肌肉鬆馳劑並休息幾天就沒事了。

雖然當下有所好轉，但是之後我因為抱小孩姿勢不正確，接連又幾次閃到腰，新傷與舊傷在我身上留下病根，偶爾天氣轉變或是姿勢不正確時，就痛得我坐臥都難受。

下背疼痛的問題一直困擾我，雖然我嘴裏總叨叨念念著：「看來我真的是老了！」但誠實面對內心的聲音，卻是告訴我：「我想我是該運動了。」身邊很多好朋友都是三鐵好手，不愁沒有運動的夥伴，但我既不會游泳又怕晒，最好的選擇是健身房。

剛好住家附近開了一間健身房，設備新穎、走路也只要五分鐘，屬於「劍及履及」型的我，看到入會費有優惠活動馬上加入了！

一開始，先生先潑了我一桶冷水，「不知道你會維持多久，我還是建議你不要買太多課堂數，免得浪費錢。」雖然這番話聽起來刺耳，不過對我卻起了正面的影響力，激發起我不服輸的精神，好好表現給他看是我的目標！

剛開始的時候，我的肌耐力不足，星期一去了之後，總得要磨到星期六才能再上第二堂課，因為中間的五天我都處於肌肉痠痛的狀態，別說走路了，就連躺在床上要拉上棉被也是折騰得唉唉叫。

但是很快的，高齡產後虛弱的肌肉，在密集重訓與三位專業教練嚴格指導之下，我的體力與肌力逐漸能承擔負荷，從一週兩堂，到一週三堂，甚至有時候還能連上兩堂課。

除了強身健體，我也期許自己擺脫大嬸味，替先生換一個「新」老婆，這股毅力，讓我成為健身房開張以來，第一個用完一百五十堂課程的學員，連先生都不敢相信。

之前聽朋友說，運動會產生腦內啡，引發快樂的情緒，這是真的！而且運動之後不僅體力好多了，下背也不再痛了，或許我不能阻擋年歲的增長，但我相信透過運動，我能緩解身體老化的程度呢！

禁止死亡的嚴島

位於日本廣島西南方的嚴島，雖然只是一方小島嶼，卻擁有許多的古老神社以及寺廟。對當地人而言，這是一個非常聖潔的地方，也被視為是女神所居住的島嶼。因此維護這座島嶼的聖潔，成為當地人最重視的功課。

由於被視為是清淨的神域，因此嚴島嚴禁一切與血、死亡等相關情事。從一八七八年開始，嚴島就不允許有死亡以及新生兒出生，臨終前或是臨盆前都必須移往他處，分娩後的婦女必須滿一百天才能回到島上，而經期來的女性則要在特設的小屋內暫時隔離。

直至今日，傳統依舊保留。如今嚴島不僅看不見墓地，也沒有醫院。

學習茶道

孩子們都長大了之後，我們家偶爾也會出現男女有別的生活。當先生帶著兒子們去打球運動時，我就牽著女兒去逛逛街，一路上吱吱喳喳地聊著女人心事。

有天，又是屬於我們母女倆的獨處時光，女兒說，她想去書局添購文具，我估算著書局並不遠，走路就可以到，於是牽著她的手，慢悠悠地走逛臺北熱鬧的街頭。我們喜歡繞進巷弄裏，總會有出奇不意的新開小店等著我們去發掘。

走著走著，我看見了一間很漂亮的茶館，典雅與氣質兼具，架上的幾只茶壺樸實卻美麗，於是不自覺地將腳步踏入茶館，細細用眼睛品嘗這些茶具的美好。

女兒才五歲年紀，這些東西到底她還不會有興趣，但是她默默地陪在我身邊，看得出她百般無聊，卻耐心十足地陪著我逛。繞了一圈之後，她以最不干擾這分寧靜的聲音問我：「媽媽，我們不是要去書局嗎？你為什麼帶我來這裏？」

不等我回答，小腦袋瓜已經主動建置好了答案，說：「啊！我知道了，因為你是『茶人』。」我笑了。茶人，這是我開始學習茶道之後，先生時常拿來笑話我的形容詞，這小女孩竟然還認真地記在腦中了呢！

活到老學到老

活到老，學到老，這句已經被講得有些八股的話，我倒是覺得它之所以能夠流傳至今，有其道理；要不斷地精進才不會被淘汰。我不是一個貪心的人，甚至很容易就能心滿意足，但是對於學習這件事情，我卻常常感覺不滿足，我想在有限的時間裏面學到最多的東西，這世界上有這麼多有趣的事，時間真的是不夠用。

小孩都長大上學了之後，我得以慢慢從育兒時光裏騰出一些私人時間，但我仍然不急著返回演藝圈，依舊謹慎控制手頭的主持量，我告訴先生：「我現在正處於人生補課清單中。」

有一天我到市場買菜，菜市場是一個非常有趣的地方，在那裏不可能有片刻是寧靜的，人們的對話聲是讓空間活絡的因子。那天，耳邊傳來一個攤商在對老客人說：「我是少年欠栽培，不然我現在也是個郭台銘了。」

「少年欠栽培」，這句閩南語講入我的心坎裏，回首自己的前半生，不也是如此嗎？從小對學習充滿熱情，但是我沒有資源，到現在都還記得，我跟爸媽說我想學鋼琴，當時他們兩個人臉上除了愁容之外，找不到其他的情感，後來也不知道是怎麼籌到學費的，他們還真的送我去學了鋼琴。

那一期鋼琴課，我開開心心地學會了童謠界的經典名曲〈小蜜蜂〉，原本還想繼續再報名第二期，但又三心二意地覺得學芭蕾舞也不錯。然而我也知道，家裏的經濟不容許我一次學兩項才藝，內心百般掙扎之後，我決定要學芭蕾舞。

這一次，爸媽仍然很勉強才拿出錢讓我去繳學費。但是這一期芭蕾舞學完之後，我再去跟父親要學費，他只是揮揮手告訴我：「你告訴老師，下次再繳。」一次、兩次之後，我就不再去上芭蕾舞課，因為父親不會再給我學費了。

小時候我想學的東西很多，但是都學不了，進入社會之後，看見人家在品茶，我覺得喝茶好美，泡茶的行儀優雅得仿若在另一個世界。但是那時的我還在苦苦地為五斗米折腰，哪裏有能力坐下來好好泡一壺茶？所以當現在有能力了，我告訴自己，人生不能浪費，也不能讓學習的動機停頓下來，我一定要栽培自己！

另一方面，我也在周遭朋友身上看見空巢期的可怕，好多姊姊們結婚之後，專注在家庭與小孩的養育上，可是當孩子大了，離家念書去了，多年來好不容易獲得了喘息空間的她們，卻一個個慌了手腳，彷彿頓失依靠。

她們開始瘋狂逛街、購物、吃吃喝喝，但是卻活得一點也不快樂。看著她們，我提醒自己，別讓自己變成她們那樣，從現在開始，我要培養自己的興趣。

第一件想做的事情，就是學習茶道。

當慈友會的師姊問我：「我們有淨斯茶書院，可以學習茶道，每堂課的學費是市價的四分之一，你想不想一起來學？」我毫不猶豫地報了名。

加入慈友會是源於婆婆的關係，但其實我與慈濟的接觸更早，那時我才二十歲，剛進入演藝圈工作一年，還在苦苦等待能熬出頭的那天。

弟弟打來電話，說「那個女人」打電話給他，離家許久的爸爸在某間醫院，已經中風了，要弟弟趕快去把他接走，然後這通沒頭沒尾的電話就被掛斷了。

那個女人是我父親後來結交的新歡，在我們都還沒有離巢的時候，他便早我們一步離開了家，放棄了糟糠之妻、離開五名子女，跟新歡選在一個我們都不曉得的地方開展第二個家庭生活。

直到他中風被送入醫院，我們才知道他在那兒。趕往醫院的時候，醫護人員說，送他到醫院來的女人，沒有留下任何聯繫方式，就悄悄地憑空消失了，「你們父親中風的狀況很嚴重，可能需要長期醫療輔助，或許你們可以找一個合法又安全的安養中心安頓他。」醫師用專業評斷出對父親最好的生活安頓，卻對我們的生活下了一個憂愁的註解。

那個年代沒有健保，我們四方探詢，安養中心收費高昂，一個月就要五萬元。當時大姊已經嫁人，有自己的家庭要負擔，弟弟才十八歲，學業正要邁向另一個階段，兩個妹妹都還在念書，能工作掏出錢來的只有我，可是我根本也無力負擔。

當時我們異想天開地認為，像我們這樣的家庭，或許能得到政府的一些補助幫忙，結果滿心的期待被冷漠地打了回票，負責的社工人員說，我們拿不到任何補助，「根據資料，你手邊有一筆十八萬元的存款，因此你們家不符合領取資格。」我十五歲離開家之後，省吃儉用存下來的十八萬能做什麼？那大概是我們家好幾口人唯一的一筆存款了，即使用來支付安養中心的費用，連半年都撐不過去。

也忘了是誰從中牽線，後來慈濟找到了我們，了解狀況之後，按月提供補助，直到八年後父親離開，這段與慈濟的緣分才按下了暫停鍵。

沒有慈濟，我們撐不過那一段日子，或許弟弟、妹妹得被迫中斷學業，我也得提早對演藝工作心死，找一個安分守己、每個月有固定收入的工作，因此對於慈濟，我內心始終抱持著感謝。

「施人慎勿念，受施慎勿忘」，這是啟發我後來有能力時願意幫助別人的動力，別人成為我的貴人，也希望自己能成為別人的貴人。加入慈友會，對我而言，是再續前緣。

靜思茶書院

我知道慈濟在三義種茶，無毒有機的小葉紅茶、烏龍茶等，偶爾我也會到靜思書軒買來茶葉或簡易茶包，簡單地泡上一壺茶，有茶色、有茶香，自以為就算是會泡茶了。參加淨斯茶書院的課程之後，我開啟了另一個全新的視野，茶的世界非常有趣，每次上課兩、三個鐘頭，老師會帶著我們泡不同的茶，每一種茶的泡法、等待時間都各不相同，難以細細筆記，唯有用心領略。

唐朝盧仝〈走筆謝孟諫議寄新茶〉詩：「……一碗喉吻潤，兩碗破孤悶。三碗搜枯腸，唯有文字五千卷。四碗發輕汗，平生不平事，盡向毛孔散。五碗肌骨清，六碗通仙靈。七碗喫不得也，唯覺兩腋習習清風生。」

一開始，我總是泡不好茶，但是對茶的一切充滿熱忱，看到稀奇的器具就想買，當時興沖沖地買了一支鐵壺，用了一次之後，鐵壺竟然生鏽了！我想大概是買到品質不好的壺吧！嚇得我擺在櫃子上再也不敢碰它。

後來去了一趟日本，看到一支漂亮的鐵壺，又情不自禁地把它帶回臺灣，滿懷期待用它燒了一壺水，喝起來特別溫潤可口，也給了我一劑強心劑，心想，果然要泡出好茶，還是需要有一只好壺啊！若是用鐵壺燒開的水來泡茶，一定更能襯托茶香。

只是同我一起飲茶的先生，看著從鐵壺倒出的水色竟然不清澈透明，還染著淡黃，不禁疑惑地問我：「為什麼用鐵壺燒出來的開水會是淡黃色？」

我看不懂日文說明書，也不明所以，又不想讓他覺得我學習茶道卻一知半解，自尊心高的我硬著頭皮對他說：「這是因為用鐵壺燒出來的水會含有微量的鐵元素，所以才會是淡黃色的。」

他半信半疑地把水喝光了。翌日一早，我發現，鐵壺又生鏽了！

上網一查才知道，原來我少了「開壺」的動作。買新的鐵壺時，第一次要先用清水洗乾淨，之後燒開一壺水，待開水冷卻之後，把水倒乾並用軟布擦拭乾淨；第二次滴入幾滴檸檬汁，再燒開一壺水，待水冷卻後，把水倒乾並用軟布拭淨；

第三次用茶湯煮開，一樣是等待冷卻後倒掉並擦拭乾淨；第四次則使用淘米水並重複之前的動作。之後還得不斷用清水煮開水連續十次，慢慢的，開水會變得愈來愈清澈，口感也會愈來愈好喝，養到鐵壺內壁都充滿水垢之後，就不會再生鏽了。不過之後還是得定期取出，重複以上的保養動作。

養一只壺需要耐心與用心，而我在學習茶道的過程中，也學到如何讓自己繁亂的心歸於平靜，專注在茶湯與茶色的細微變化，感受以心泡茶的清淨。

有一次，朋友請我去參加一個茶席，那是第一次接觸到如此正統的臺灣茶席，道地講究之外，席間更規定不能言語交談，為的就是讓我們靜心品茶。那時候我才知道，原來靜心的時候，茶喝起來真的不一樣，特別地好喝！

臺灣是一座很幸福的島嶼，滿街的手搖飲提供各式各樣不同的茶，但是現在的人味蕾都被養壞了，幾乎很少有人能喝出茶的真味。其實只要用寧靜心品味，茶可以喝出奶香、海苔香、豆香、花香、蜜香等，就待人們細心發掘了。

習茶近一年之後，淨斯茶書院特別舉辦一場歲末感恩茶會，當時老師讓我們每人邀請五位茶客，我請了婆婆、先生以及三位好友來。

先生不改他的詼諧個性，在端莊寧靜的氛圍中，不停地逗我，例如我茶水倒太少、杯蓋沒有順利蓋起來，都讓他不客氣地噗哧笑出來。席間，我始終不敢與他四目交接，就怕一不小心，我自己也會笑場。

我懊惱地怪自己千不該、萬不該邀請他來，一方面又提醒自己：「平心、靜氣，他不是來搗蛋的，是來訓練我修行的！」

坦白說，入圍金鐘獎的時候我都沒那麼緊張過，但為了這場茶會，我還緊張得先吞了胃藥呢！

雖然緊張，但是當我將用心泡好的茶一一端給我所愛的人時，期待能將祝福透過茶葉，向他們表達心意，謝謝他們，陪著我度過過去、現在以及美好的未來。

我知道，即使我泡茶的手勢依舊不熟練，茶色的觀察尚未及達人水準，可是我泡出來的茶必是甘甜的，因為現在的我，很幸福。

林世航營養師解析：茶

喝茶的目的首要為口感，但可別小看茶葉，它可是含有不少的咖啡因、兒茶素以及茶多酚。

其中咖啡因或許備受爭議，不過國際研究認為咖啡因具有一定的價值存在，可以抗憂鬱、提振精神等。因此對營養學而言，咖啡因是比較正向的物質。只是咖啡因本身是抑制睡眠的物質，會讓人們想睡卻又睡不著，造成睡眠困擾。如果想喝茶又怕睡不著的人，代表對咖啡因的敏感度較高，可以試試看在早上或是白天適量飲用，經過一整天的循環代謝之後，就不怕晚上會睡不著了！

寫一手好字

我的學生時期——國小、國中、高中，前前後後加總起來十二年，時間很長，但是母親來參加母姊會的次數卻只有兩次，不僅拖到最後一秒才出現，甚至還沒結束，就已經迫不及待先行離開。

每逢母姊會，我都衷心期待她可以抽空來學校看看我的學習表現，但是她總是有各種理由推辭，我常常問她：「你怎麼都不來？」她的回覆，沒有一次讓我覺得理由正當。

直到長大之後，我才知道為什麼她那麼討厭來參加母姊會，因為她很自卑。她的體型豐腴顯胖，穿著打扮也不好看，學識不高也不擅於表達，站在其他媽媽們旁邊，自慚形穢的她都覺得可笑與不足。

母親的自卑提醒著我，身為一位母親，無須花枝招展，但氣質與內在的淡定寧靜，決定自信力。

通常女兒都是黏爸爸的，我女兒小時候也是一樣，玩扮家家酒總是吵著要爸爸陪玩，但當她逐漸長大，開始有了一些想像空間與觀察力時，她變得非常愛我，也喜歡黏著我，常常要我陪她出去走走。

她把我視為偶像，對她而言，我做的事情都是她不會、不懂、不知道的，因此跟著我出門，她覺得非常光榮。

我一直努力在學習新事物，不僅是因為想圓滿兒時的遺憾，同時也是在鞭策自己，一定要走在小孩前面，而不是讓他們超越我們，小孩一旦超越我們，就會瞧不起父母，甚至覺得無法與父母溝通，隔閡開始萌芽。

跟老兵學書法

好幾年前，母親還沒過世的時候，有一天她撥了通電話給我，話語間盡是藏不住的悲傷，「你還記得小時候住在我們家隔壁的那個老兵伯伯嗎？」

我在記憶中翻找過一遍，似乎是有這麼一個人，但印象有些模糊了。

「小時候他們家兩個孩子都會抱來我們家給我照顧的。」像是突然想起什麼可以勾起我回憶的事情，母親急切切地說：「還教你寫過書法，有沒有？」

我想起來了！

我從小就想上電視，才小學一年級就對上電視有著一股極為強烈的渴望。當時《五燈獎》風靡全臺，不僅僅是歌唱節目，同時也歡迎有各項才藝的孩子報名參與競賽，有一段時間，他們在徵選小小書法家。

那時候學校有書法課，可惜我寫得很差，用的硯臺與墨條也不夠好，貪圖便宜，買的是塑膠硯臺，任憑墨條怎麼磨，也無法將清水磨成濃濃黑墨。

即使如此，我還是好想上電視。心裏想著，如果我將書法練好，那麼成為明星就指日可待了。

當時母親為了多賺點錢，除了打零工之外，也幫隔壁的老兵伯伯帶兩個孩子，這一男一女兩個小孩，是他與過世的太太生的。母親說，其實早在他太太過世之前，就已經無力撫養這兩個小孩，「她有精神障礙，還是老兵伯伯在照顧她。」

因此這兩個孩子很小開始，就幾乎是我母親在照顧他們，老兵伯伯則按月補貼一些保母費。

老兵伯伯過著一輩子兵戎生活，但卻習得一手好字，書法寫得極為漂亮。於是我跑去找他，指著電視說：「我想上這個節目報名書法比賽，您可以教我寫字嗎？」

他樂呵呵地笑著說好，隨手拉來一張報紙，取出與我們家截然不同的好墨條、真硯臺與毛筆，開始一筆一畫地在報紙上教我寫書法。

當時我失望極了，小小腦袋盡是荒誕的想法，「伯伯應該寫在格子裏的，這樣我才可以依樣畫葫蘆地描繪啊！」

忘了是什麼時候，只記得我書法也沒學會，字也仍是歪七扭八的，他們就搬家了，從此我的書法學習也就暫告一段落。

從回憶中拉回現實，是電話那端母親傳來的噩耗，「老兵伯伯過世了，我跟他也算是老朋友一場，我在想，你願不願意陪我一起去他的告別式？」

參加評鑑如臨大考

嫁給先生之後，聽公婆在講祖先的往事，我們這才知道，原來先生的爺爺是一位書法家，家裏見到的墨寶都是爺爺留下來的，婆婆說，奶奶當時去世時，他們也是取爺爺的墨寶，替奶奶的墓碑上字。

跟著我們一起聽故事的大兒子，知道自己是書法家的後代，拉著我不斷央求著：「我也想學書法、我也想學書法。」

思及兒時的不能，我常告訴孩子們，「如果你們有想學的才藝，儘管告訴媽媽，我會帶你們去學；但如果不想學了，也要馬上告訴我，別讓我浪費錢。」

於是，我找了一間評價不錯的書法教室，送他去學書法。一、兩年之後，隨著學校的課業愈來愈重、要學的才藝愈來愈多，對書法也始終無法湧出太多熱情的兒子，最終宣告放棄。

「他還有好多課堂數，我們也無法退費，不如你來上上看吧！」書法教室老師的這個建議獲得我的認同，我必須得承認，不想浪費錢這一點由衷地打動了我，既然現在也有一點閒暇時間，不如就去學學看吧！

沒想到這麼一學，倒是學出了興致來。一開始，我看到同班的小孩子，寫的字體工整漂亮，怕輸給孩子丟臉，逼自己一定得奮發向上，除了上課的日子，每晚我都會在家自主練習。現在經濟寬裕了些，我也學會對自己好一點，練習的紙是好一點的宣紙，一張一至兩元之間，一張宣紙有六格，只能寫下六個字，因此一個晚上練下來，也是要花不少錢。

不過我也發現，好的紙寫出來的字就會美，隔天的字甚至因為吸墨完全而更顯圓潤飽滿；吸不了墨的紙，無論寫得多用心、多細緻，也只會讓字看起來乾乾澀澀的。

寫著寫著，我也寫出了興趣來，並且在老師的鼓勵之下，將作品寄到日本，參加書法評鑑，從第七級升到第一級，前後大約花了三年的時間。現在是初段，如果順利的話，一年可以升一段，升到第八段就可以當老師、到外頭開班授課了。

雖然不求為師，但是每一次的升級與升段考試對我來說都是大事，只要到了繳交作品寄至日本的前一個月，我就會閉關練字，彷彿回到學生時代面臨大考時那樣的緊張。

有一次又到了升級考的時候，先生見我緊皺眉頭、埋首練字，於是走過來接過我手上的毛筆，輕咳兩聲，昂起下巴說：「我是書法家陳春松之孫，寫的字自然也不差，就讓我露兩手來給你瞧瞧吧！」

拉出一張全新的宣紙，他坐了下來，慢慢地、緩緩地、優雅地寫下了兩個字——休書。

我不禁翻了白眼，而先生則在一旁笑得開懷。又來了！這男人的幽默感總是那麼無厘頭！但我的緊張情緒著實也消除了不少，雖然收到一紙「休書」，我可還得為他想方設法讓我寬心一些而感謝他呢！

最省錢的才藝

我常告訴朋友，書法是最省錢的一項才藝了，一張宣紙最多不過兩塊錢，一瓶墨要不了多少錢就能寫上許久，最貴的大概就是毛筆了，一支五百元的筆大約能用三個月，已經算是很重本的投資。

寫書法最好的是，空間不受限，時間也不受限，只要有十分鐘，就能坐下來好好地寫上幾個字。

我最常利用早上孩子們都出去上學的時間，以及孩子們都睡了的清靜夜晚練字，若是那天把一個字寫得漂亮——比例對、濃淡對，大小對、粗細對、位置對，這個字就會像是一幅畫那般地美，我的心情也會特別愉快。

為了讓寫書法更有情調，我甚至還買來一臺日本的煤氣爐，上頭擱著一支茶壺，邊喝茶，邊寫書法，好不快活！心情好，字當然也寫得美了。

現在我也以字結緣，尤其在過年過節的時候，寫幅春聯化作恭喜，更襯心意。

這幾年過年前，我都隨著書法班的老師一起到長庚醫院大廳春節揮毫。還記得第一年要跟去的時候，我告訴經紀人這件事情，他還語帶懷疑地問我：「去那裏寫春聯，要……送給誰？」

我頭一抬，充滿自信地說：「現場踴躍索取的民眾！」

現在寫得愈來愈上手了，坦白說，每當到醫院送春聯時，心裏也踏實不少，畢竟這是一分祝福，也希望能將最好的字，送給對方。

張旭以髮代筆

唐代書法家張旭，有「草聖」之稱。他的書法以奔放的草書為主，但因為他生性嗜酒，喜歡在小酌之後下筆，字體更顯狂野，因此他的字體又有狂草之稱。

張旭的個性猶如他的字體，狂放不羈。有一回他與詩人李白一同受邀參加一場宴會，在宴會上，李白以他的才華壓倒了一票當代奸臣，這讓張旭看了大快人心，喝了幾杯酒之後，張旭樂得要婢女們拿筆與墨來，他要以字賀友！

誰知道婢女們拿來的幾支毛筆都是大號以及中號的楷筆，而不是他要的特號斗筆。他看了看，氣得將這些筆扔出窗外，而這一個激烈的動作，也讓他帽子掉了下來，髮髻脫落，一頭長髮散落臉前。

對此，張旭彷彿發現了什麼。忽地將酒杯裏的酒倒掉，並將已經磨好的墨汁到入酒杯中，然後在眾人都不明所以的情況之下，抓起自己的一頭長髮，浸沾酒杯裏的墨汁，在一堵白牆上以髮揮毫，留下他傳奇一生的眾多作品中，最令人印象深刻的一幅墨寶。

愈老愈值錢

有次錄影，我們討論到馬路三寶，當時我提出一個深藏內心許久的疑問：「我們都知道馬路三寶是用來形容在交通事故時所遇到的天兵，但究竟馬路三寶的三寶，是指哪三類族群呢？」

大家覺得這個問題很有意思，具體也說不出來，於是就打開手機上網找尋答案，結果答案出爐，原來馬路三寶指的是女人、老人以及老女人。

仔細分析，女人跟老人，是組成三寶的兩個因子，而已四十有八，將要奔五年齡的我，也即將符合這兩個令人唾棄的條件。

當下氣得我直說：「我們才不是三寶，我們是珍寶！」

愈天然愈昂貴

初與先生交往的時候，有一次我問他：「你是做哪一行的？」

他輕描淡寫地說：「珠寶。」

我當時聽了，沒有多大的反應，只是「喔」的敷衍一聲。後來告訴姊妹淘這件事時，所有人都比我還要激動興奮，反而是我潑了大家一盆冷水，直說：「珠寶不就是開銀樓嗎？金光閃閃、珠光寶氣的，我對那些東西沒興趣，太俗氣了。」

我天真地以為，珠寶就是金飾，那些放在紅色絨布盒裏的金飾，我實在是一點興致也沒有。一直到很後來才明白，金飾與珠寶是兩種截然不同的物品，而他們家也不是開銀樓的。

嫁給他之後，從餐桌上公婆與他的對談、他跟客人講電話時的內容，我才開始了解珠寶的價值，也才明白所謂珍貴的珠寶，其實都有嚴謹的考核標準。

例如祖母綠，由於硬度不如鑽石那般，因此非常容易碎裂，有商人就會將等級比較差的祖母綠拿去泡油，如此一來顏色看起來就會漂亮圓潤，但也因為經過人工處理，販售的價格自然低了許多。另外像是藍寶石，若透過一千度高溫加熱處理過後，藍寶石的顏色會變得更藍更漂亮，但是跟沒有加熱就美麗的藍寶石比起來，加工過的價格自然也不好。

再說黑珍珠好了，小時候曾經看過一位長輩帶著一顆黑珍珠，有別於白珍珠相對普遍，這顆黑珍珠讓我留下相當深刻的印象，除了顏色特別之外，更奇特的是，在燈光的照耀之下，它會散發出七彩的顏色。

知道我連翡翠跟祖母綠都分不清楚，唯獨認得黑珍珠，因此先生送給我的第一件珠寶，就是黑珍珠。當年，黑珍珠非常昂貴，原因無他，因為數量稀少。然而隨著人工養殖技術發達，黑珍珠從此價跌，它依舊有著七彩光芒的美麗，但因為太過普遍，讓它的身價一年不如一年。

愈久老愈值錢

在珠寶界，愈沒有任何加工的寶石、沒有人工介入的珠寶，愈顯珍稀與可貴。但是人跟珠寶不同，尤其生來就沒有珠光寶氣命運的我，若不逼著自己大量吸收知識，並且不斷學習，老了就很容易被看不起，這是我近幾年來持續在書法、茶道以及運動上精進自己的原因。我常常告訴朋友，如果體力許可，我想即使活到一百歲，我還是會繼續學習，我要不斷進步，才能持續發光發熱。

對於年紀，我從不避諱，該是幾歲的年紀，絕不加加減減虛實謊報，老女人有什麼不好？就因為老，我們活出了年輕時候所沒有的價值。

有一回我到新竹內灣旅遊，在街道上看到攤販擺著一罐罐的東西，裏頭黑壓壓一片，若非瓦楞紙版上，手寫著「黑菜脯」三個斗大的字，我還真不知道那是什麼稀奇的玩意兒。但老菜脯對於主持美食節目的我可不陌生，它可以說是近年來最夯的食物之一。

見我好奇駐足，老闆隨即招呼，熱情地介紹著，「這是三十年的老菜脯喔！非常珍貴的。」

「哇！好厲害，怎麼能將菜脯屯上三十年？」

這些老菜脯沒有黑到發亮，仔細看，上頭還有些白白的結晶體。

聽我開口說話，老闆仔仔細細地瞧我，認出了我是藝人，不知道是不是這個原因，他對我招招手，輕聲說：「你是郁方吧？如果你想買，我建議你別買，坦白跟你說，這些不是真的老菜脯，如果你真的想買，走！我帶你去我家拿。」

那天，對真正老菜脯的興趣，讓我鼓起勇氣隨著一個不認識的人去到他家，離販售大街不遠的距離，走路就能到達。他走入自家後院，爬下地窖，扛出一桶深褐色的陶甕來，甕蓋一掀開，濃濃的甘甜香氣撲鼻而來。

老闆交易的口吻中，藏不住驕傲，「這才是貨真價實的老菜脯，街上賣的大多都是工廠急速加工的，吃起來既鹹口又不帶甘味，這是我們家珍藏六十年的好貨色，你要多少？」

我嘗了一口，雖然黑壓壓的，但果真一點也不鹹，甚至還覺得相當甘甜呢！當下跟他買了一小瓶，比市面上菜瓜的瓶子大不了哪裏去，要價一千多元，果真稀奇就是昂貴，也讓我體悟到，有「老」這個字的東西，還真是有價值呢！

再來說茶吧！精通茶藝的人大多都認識藍印與紅印。一九四九年後，中共在國家政權逐步穩定之際，打算大舉接收製茶工廠，當時工廠的老闆們為了多替自己留些後路與財路，於是將工廠裏的茶分批送往香港茶樓。

這幾批茶分別被蓋上藍色印章與紅色印章，藍色印章指的是一九四九年前，國民政府時期所製造的茶葉，蓋有紅色印章的茶則代表一九四九年之後，中共掌權之後所生產的茶葉。

當時香港酒樓、茶館大批大批地收購，但他們大多只收購散裝的茶，比起有包裝紙的茶，省了不少錢。於是有包裝的茶，就被真正識貨的人買走。

到了九七大限，香港即將回歸之際，有個茶莊老闆決定離開香港，移民加拿大定居。當時為了簡省家當，於是出售已經放了六十年的帶包裝紅印與藍印茶葉，這批茶歷經了六十個春秋，早已從普洱茶升級為老茶了，只可惜當時的香港並不流行喝老茶，於是前去搶購的大多都是識茶的臺灣人。

朋友跟我說起這件事情，她扼腕地說：「當時我先生也去搶了一批紅印，但我們畢竟不是喝茶的人，也不懂得如何保存，前幾年拿出來都發霉了。」

有一回我在朋友的招待下，喝到了傳說中一九五〇年代生產製造的無紙紅印，也就是散裝的紅印。我抱持著虔誠的心態，輕啜一口，終於明白為何這批老茶如此昂貴的原因——一喝下，嘴裏隨之盈滿了老藥香與蘭香味，氣行全身，彷彿氣灌丹田，呼吸之間的美好氣息，盡是幸福。

這泡無紙紅印，我們足足泡了三十泡以上，滋味雖然淡了，但它的香氣依舊充足。臨走前，我徵得主人家的同意，將茶渣打包回家，又回沖了好幾回，才依依不捨地送它離去。

所以，誰還能再說「老」不好呢？東西愈老愈值錢，而人呢？則是愈老愈有智慧，不是嗎？

蔡仁好中醫師解析：老茶與老菜脯

老茶與其他的茶相較起來，是比較溫潤的茶。因為它放了許久，茶葉中刺激腸胃的多酚體以及造成不易入眠的咖啡因都會因此減少，胃不好、容易心悸、睡不好的人，都適合喝老茶。老茶就像是老女人，沒有太多的稜稜角角，愈老愈溫醇呢！

至於近幾年相當盛行的老菜脯，其功效細細分析與其原型的白蘿蔔無異，大抵只能說它的功效屬於加強版的白蘿蔔。若有長年咳嗽困擾的人，不妨試著用老菜脯燉湯或是泡蜂蜜水，都能發揮一定的成效喔！

【結語】成為那雙鐵皮鞋

有天，兒子滿臉愁容地跑來向我告解，「媽媽，我弄丟了學校的一本書。」

孩子們的不細心，常常會造成物品的遺失，這點我早已經見怪不怪了，等等再來好好地教育、教育，但現在首要的任務，是先解決問題。於是我耐著性子問：「哪一本書呢？」

「是琦君的《桂花雨》。」

「琦君！」聽到這個熟悉的名字，我都忘了繼續板起臉孔，語氣裏藏不住興奮，像是見到了多年不見的老友般激動，「媽媽好愛她的書！」

小時候閱讀資訊並不豐富，家裏也沒有閒錢買教科書以外的書籍，但是我真的非常愛看書，那時的求知若渴，連農民曆都不容許錯過，就連翻翻牆上日曆旁那一行行心情小語，也能令我滿足。

再大一點之後，知道圖書館怎麼去了，於是我閒來無事就跑圖書館看書。我可以窩在那裏一整天，當時書架上那一本本混著許多人翻閱過的特殊香氣，給了我孤獨又自卑的童年相當大的慰藉。

其中，我最愛琦君的書了，只要圖書館能找得到，她的書每一本我都不願錯過，對我來講，她的書是令我神遊的另一個世界。

琦君的家庭與出身很不一般，她是大太太生的孩子，從小就看著母親與姨娘間的各種心理交戰與鬥爭，偶爾，這把火也會燒到她身上去。

有一年過年，爺爺給她一枚銀元，小媽看到之後馬上從她手上把這枚銀元拿走，落下一句：「小孩子怎麼能拿這麼大的錢呢？」

由於對方是自己的長輩，琦君即使難受，也不敢去向母親告狀，但是窩在牆角哭的她，最後還是被母親問出了哭泣的緣由。母親知道後，心裏頭氣歸氣，卻也逼自己忍下了，此時的琦君才明白，原來一個大老婆為了家庭的和諧，要忍耐到這樣的境界。

然而她敘說家庭的故事裏，最令我印象深刻的，還是爺爺臨走之前送她的一雙鐵皮鞋。

那雙鞋的出現無獨有偶的，也是在過年時節，鞋子前面有一塊小鐵片，非常特殊美麗。當從爺爺手中接過這雙鞋，琦君開開心心地穿上新鞋，整天在村子裏繞了又繞，就是要讓大家看看她腳上這雙美麗的新鞋，而村裏的人也毫不吝嗇地給她讚美，幾乎每一個人都會對她說：「你有一雙好漂亮的鐵皮鞋呢！」

當她終於享受了眾人的讚美並回到家時，父母告訴他，爺爺已經快不行了，就剩一口氣懸著。小小年紀的她怎麼會知道死亡是什麼？爺爺把她喚到床邊，氣若游絲地問她：「你知道我為什麼要送你這雙鐵皮鞋嗎？」

琦君搖搖頭。

「將來會遇到很多困難，你的頭就要像這雙鞋子一樣，要勇敢去闖。」

琦君爺爺的這句話我永遠都忘不了，時時刻刻記在心裏、刻在腦海裏。我還記得小學年紀的我在看到書上這一句話時，眼淚撲簌簌地流下來，滴在圖書館潔淨的地板上，忍不住地自言自語，對著書說：「好的，爺爺，我會記得。」

一路坎坷的成長過程中，每次遇到困難，我就會想起這句話，並告訴自己：「好，我要硬著頭皮，我不會被困難擊倒！」

回首人生，一路磕磕碰碰，但如今的我與過往的我，早已經截然不同。

寫給三個兒女的陳家家訓，第二十條，同時也是最後一條，我這麼寫著：「隨著你日漸長大，這分家訓內容會有所增減。在長大的過程中，很多人會給你意見，請把對自己有益處的想法放進心裏，其他的酸言酸語任由它去，你不用活在別人的嘴裏。」

我試圖走出自己的人生，希望我的孩子也能如此。

一定要愈來愈幸福

有一次，我跟先生一起到大陸出差，前一晚忙著處理完小孩，再整理完行李，躺下已是凌晨兩點鐘了。幾小時後，在六點起了床，頭昏腦脹地趕赴機場候機，當下意識地遞給櫃檯兩個人的護照之後，地勤人員以相當溫柔的聲線問：「陳太太，請問您的臺胞證呢？」

這句話嚇得我整個人都清醒了，天啊！我竟然忘記帶臺胞證了！

我望向身旁的先生，他則瞇起眼來看我，眼看著就要因為自己的輕忽大意被他叨念，畢竟前一天是我告訴他，我已經整理好所有的證件……

結果櫃檯地勤人員又說話了，「陳先生，請問這是您的護照嗎？可是……這看起來似乎像是您女兒的護照……」

我們彼此相視，不一會兒，我們都笑了，呵呵哈哈地在清晨六點的機場裏笑得彎了腰。

我的人生就像當時的笑容，愈來愈大，愈來愈飽滿，也愈來愈幸福。

第二次的二十四歲，我過得相當美滿。

水月系列００８

我的人生我來柔──郁方的幸福進行曲

主　　述／呂家柔（郁方）
撰　　文／涂心怡

創 辦 人／釋證嚴
發 行 人／王端正
平面總監／王志宏
主　　編／陳玫君
企畫編輯／邱淑絹
特約編輯／吟詩賦
執行編輯／涂慶鐘
美術設計／曹雲淇

出 版 者／慈濟傳播人文志業基金會
地　　址／11259臺北市北投區立德路2號
編輯部電話／02-28989000分機2065
客服專線／02-28989991
傳眞專線／02-28989993
劃撥帳號／19924552　　戶名／經典雜誌
製版印刷／新豪華製版印刷股份有限公司
經 銷 商／聯合發行股份有限公司
　　　　　23145新北市新店區寶橋路235巷6弄6號2樓
地　　址／02-29178022
出版日期／2019年6初版一刷
定　　價／新臺幣350元

國家圖書館出版品預行編目(CIP)資料

我的人生我來柔：郁方的幸福進行曲／
呂家柔主述；涂心怡撰文
一初版．一臺北市：慈濟傳播人文志業基金會
2019.06，352面；15×21公分一（水月系列；8）
ISBN 978-986-5726-66-9（平裝）
1. 人生哲學
191.9　　108008236